乡村振兴与城乡融合发展研究

童书元◎编著

吉林出版集团股份有限公司

全国百佳图书出版单位

图书在版编目（CIP）数据

乡村振兴与城乡融合发展研究 / 童书元编著 . -- 长
春 : 吉林出版集团股份有限公司，2024.3
ISBN 978-7-5731-3285-7

Ⅰ . ①乡… Ⅱ . ①童… Ⅲ . ①农村—社会主义建设—
研究—中国②城乡建设—区域经济发展—研究—中国
Ⅳ . ① F320.3 ② F299.27

中国国家版本馆 CIP 数据核字 (2023) 第 087042 号

乡村振兴与城乡融合发展研究
XIANGCUN ZHENXING YU CHENGXIANG RONGHE FAZHAN YANJIU

编　　著	童书元	
责任编辑	王贝尔	
封面设计	李　伟	
开　　本	710mm×1000mm	1/16
字　　数	240 千	
印　　张	12.75	
版　　次	2024 年 3 月第 1 版	
印　　次	2024 年 3 月第 1 次印刷	
印　　刷	天津和萱印刷有限公司	

出　　版	吉林出版集团股份有限公司
发　　行	吉林出版集团股份有限公司
地　　址	吉林省长春市福祉大路 5788 号
邮　　编	130000
电　　话	0431-81629968
邮　　箱	11915286@qq.com
书　　号	ISBN 978-7-5731-3285-7
定　　价	81.00 元

作者简介

　　童书元，女，毕业于西北师范大学政治学理论专业，法学硕士。现就职于中共甘肃省委党校（甘肃行政学院），讲师，研究方向为政治学、党建。主持甘肃省哲学社会科学规划项目"严明党的纪律与加强党的作风建设措施研究"，参与完成甘肃省社科规划项目"乡村振兴战略视野下甘肃基层党组织'组织力'建设研究"。

前　言

2017 年 10 月，党的十九大报告作出中国特色社会主义进入新时代的科学论断，揭示我国经济已经结束高速增长阶段，步入了高质量发展阶段，清晰、明确地将建设社会主义现代化作为伟大目标，并且第一次提出实施乡村振兴战略，在我国"三农"发展历史进程中具有重要的里程碑意义。自 2004 年以来，历年中央一号文件主题均是关于农村、农业、农民的问题，各地方政府在推动新农村建设、城乡统筹和美丽乡村建设等方面做了大量的有益探索和改革创新。但是，因为我国农村有着广大的面积和大量的人口，所以不同地区的乡村发展情况不一样，有着显著的差异性和多样性，尤其是如今工业化、城镇化水平不断提升，更加剧了城乡发展失调的问题，多数乡村存在着生态环境不佳、传统文化弱势化、社会治理难，并且逐渐凋敝的现象。"三农"问题不仅是我国在实现社会主义现代化过程中面临的大问题，也是其中非常艰巨的任务。农村显著地揭示了我国目前主要的社会矛盾，也就是人民日益增长的美好生活需要和不平衡、不充分发展之间的矛盾，但是同样不容忽视的是，农村也是我国在实现社会主义现代化过程中最广泛和最深厚的基础，拥有着强大的发展潜力。因此，城乡关系重塑、乡村全面振兴就显得格外迫切。

本书第一章为中国实施乡村振兴战略提出的背景，分别介绍了乡村振兴战略提出的背景、乡村振兴战略的重大意义两个方面的内容；本书第二章为中国农业农村发展历程及政策演变，主要介绍了两个方面的内容，依次是集体化阶段、乡村振兴战略实现路径；本书第三章为乡村振兴的相关理论研究，分别介绍了六个方面的内容，依次是区域发展视角、产业经济视角、组织制度视角、生态环境视角、基层治理视角、社会文化视角；本书第四章为乡村振兴战略的实施重点，依次介绍了乡村产业振兴、乡村人才振兴、乡村文化振兴、乡村生态振兴、乡村组织振兴五个方面的内容；本书第五章为乡村振兴战略下城乡融合发展及其路径探析，主要介绍了三个方面的内容，分别是城乡融合发展的内涵及概念、城乡融合发展机制建设、城乡融合发展的路径选择；本书第六章为乡村振兴战略下劳动就业与城乡融合发展，主要介绍了三个方面的内容，分别是我国劳动力市场的历史与发展原因、劳动就业与城乡融合互动关系、劳动就业对城乡融合发展的启示对策；本书第七章为乡村振兴战略下金融支持与城乡融合发展，主要介绍了三个方面的内容，分别是我国城乡融合下的金融支持、金融支持与城乡融合发展的实证分析、金融支持对城乡融合发展的启示与建议。

在撰写本书的过程中，作者得到了许多专家的帮助和指导，参考了大量的学术文献，在此表示真诚的感谢！限于作者水平有不足，加之时间仓促，本书难免存在一些疏漏，在此，恳请同行专家和读者朋友批评指正！

童书元

2022 年 8 月

目录

第一章 实施乡村振兴战略的背景

党的十九大报告明确了"三农"问题是国家发展的根本，是民生发展的根本，必须坚持将此作为全党工作的重中之重，坚持实行乡村振兴战略。本章主要论述中国实施乡村振兴战略提出的背景，从两个方面展开叙述，分别是乡村振兴战略提出的背景以及乡村振兴战略的重大意义。

第一节　乡村振兴战略的提出

"农村"和"乡村"虽然只有一字之差，但所代表的含义并不相同。农村是农民生产、生活的地方；而乡村不是只代表农业，还包括第二、三产业，更突出其地区性、社会性、文化性。因此，乡村振兴是全方位振兴，其内涵比农村振兴更丰富，要求更高，更适合作为我国的一项发展战略。为了更好地促进经济发展，我国基于乡村当前的发展情况明确了乡村振兴战略和总体要求，即"产业兴旺、生态宜居、乡风文明、管理高效、生活富裕"。这一战略是中国为解决"三农"问题、促进城乡共同发展而作出的事关国家全局的重大决策。

农村实现现代化是社会现代化的一个组成部分，不应该被忽视或者落后于城市的现代化发展，整个国家现代化的实现要依靠于农业和农村的现代化发展达到相应水平。我国城乡发展不平衡的问题，成为城乡各类资源双向流动的障碍；我国农业还未能实现现代化的问题，成为"新四化"同步发展的障碍。实施乡村振兴战略，是解决我国目前发展矛盾的必然要求，是实现"两个一百年"奋斗目标、实现全体人民共同富裕的必然要求。

伴随着改革开放的不断深入，我国的"三农"问题也得到了逐步改善，粮食生产能力跨上了一个新台阶。农业供给侧结构性改革不断推进，农民获得的收益越来越多，农村发展得越来越好。

为了巩固上述成绩，我国积极实施乡村振兴战略，希望可以加快农业转型的步伐，完善生态文明建设，提升农民的获得感、幸福感、满足感。

在实施乡村振兴时，我国要以农民为主体，统筹城乡发展、促进社会和谐稳定，这样才符合人民的期盼，形成城乡互动、人民支持、企业参与的美好局面。

第二节　乡村振兴战略的重大意义

农村地区是在自然、社会、文化、经济等方面有着综合特征的地域综合体，也是农村居民生活和生产的主要场地，承担着传承传统文化、保护生态环境的重任。乡村和城市一样都是人类重要的活动空间，两者之间是相互联系、相辅相成、共生共荣的关系。

一、解决新时代我国社会主要矛盾的重要路径

根据马克思主义哲学观，矛盾是事物运动发展的源泉和动力。要坚持辩证唯物主义、坚持历史唯物主义，就必须对社会主要矛盾和次要矛盾进行精准把握，对两者的关系进行科学合理的处理与辨析。我国自 1949 年新中国成立发展至今，世界情况、国家情况、党的情况、社会民间情况等已经有了很大改变，并且仍在发生变化，社会生产力、人民生活水平有了显著的发展，人民对美好生活的需求与日俱增，但发展不平衡、不充分的问题也越发突出，伴随经济社会发展，我国社会主要矛盾也在持续变化。从党的八大提出的"人民对于经济文化迅速发展的需要同当前经济文化不能满足人民需要的状况之间的矛盾"到 1979 年邓小平同志指出的"我们的生产力发展水平很低，远远不能满足人民和国家的需要，这就是我们目前时期的主要矛盾"[1]，到 1981 年党的十一届六中全会提出的"在社会主义改造基本完成以后，我国所要解决的主要矛盾，是人民日益增长的物质文化需要同落后的社会生产之间的矛盾"，再到党的十九大提出的"我国社会主要矛盾已经转化为人民日益增长的美好生活需要和不平衡不充分的发展之间的矛盾"[2]。自党的十一届三中全会实施改革开放战略至今，我国在各方面都实现了突飞猛进的发展，尤其是经济。这些发展成就也正说明了，我国对社会主要矛盾进行了准确掌握，这也是我国创造了无数奇迹的根本原因。此后，我国的社会主要矛盾不再是人民日益增长的物质文化需要同落后的社会生产之间的矛盾，而是人民日益增长的美好生活需要和不平衡不充分的发展之间的矛盾。为了满足人民的需求，为了实现区域的协调发展，经济社会建设要实现更高的要求。我们不仅要看到改革开放带来的发展，更要看到发展内部所存在的城乡分化趋势。不仅从基础设施

---

① 陈世俊，张锡贵. 邓小平关于建设有中国特色社会主义理论简明读本 [M]. 西安：陕西人民教育出版社，1993：45.

② 中共中央文献研究室. 三中全会以来重要文献选编 下 [M]. 北京：人民出版社，1982：839-834.

的建设上看，农村与城市之间有着巨大的差距，在教育科技、医疗卫生、文化传承、体育休闲等公共服务上也有非常大的短板，目前的农业多数仍旧是小农经济，这些都导致了城乡居民收入之间有着巨大的鸿沟，城市没有发挥出理想的辐射和带动农村发展的作用。面对新时代，面对新的社会主要矛盾，我们要巩固农村发展的产业基础，加快设施建设，使之与城市相协调，帮助农民增加收入和实现富裕、优化农村生态环境，切实实现城乡发展的融合、统一、和谐。所以，在我国进入新时代发展的背景下，乡村振兴战略有着重要的意义，不仅是解决当前我国社会主要矛盾的重要路径，也是实现城乡融合发展的重要举措。

二、补齐全面建成小康社会短板的战略选择

全面建成小康社会在我国的社会主义现代化建设中有着里程碑的意义，其于党的十八大被确立为历史任务，于党的十九大明确实现年限为 2020 年。在全面建成小康社会过程中，就要认清农村是其最艰巨、最繁重的任务所在，解决好"三农"问题，推动全面建成小康社会，这些三农问题归结起来就是农业、农村、农民问题，是关系国计民生的根本性问题，是贯穿中国现代化过程的基本问题，也是全面建成小康社会所必须解决的问题。乡村振兴战略是应运而生的，是符合时代潮流的，与我国的发展阶段和新时代的历史方位是一体的，其目的就是对城乡融合发展的体制机制和政策文明体系进行构建和完善，做好宏观统筹，有力促进农村经济建设、政治建设、文化建设、社会建设、生态文明建设和党的建设，促使农村治理体系和治理能力早日实现现代化，促使农村农业早日实现现代化，践行中国特色社会主义乡村振兴道路，使农业成为有发展潜力和光明前景的产业，使农民这一职业更具竞争力和吸引力，使农村成为和谐美好的家园，使农村居民拥有更多的幸福感和获得感。随着乡村振兴战略与相关的政策、措施的不断落实，促进了"三农"全面发展，也保障了小康社会的全面建成。

三、全面建设社会主义现代化强国的重要保障

基于对国内外形势的科学审视，特别是对于国内经济社会的科学审视，党的十九大提出到 21 世纪中叶，在全面建成小康社会的基础上，把我国建成富强民

主文明和谐美丽的社会主义现代化强国。为实现这一奋斗目标，就要开展整体性的建设，就要对经济建设、政治建设、文化建设、社会建设、生态文明建设和党的建设进行全面推进和协调，实现物质文明、政治文明、精神文明、社会文明和生态文明的协同发展，实现社会整体文明的进步，也就是要不断推动城乡融合发展。解决"三农"问题，让农业达成现代化，让农村达成现代化，让农民收入增加、富起来，就是当前建设社会主义现代化强国的重要内容，也对其有着关键性作用。我国国土辽阔，农村是其中最广大的地区，有着大量的人口，但发展基础不足，振兴难度大。换而言之，能否全面建成小康社会，实现社会主义现代化首先要看农村，因此必须要完成农村和农业现代化、农民增收致富这个首要任务、首要指标。在新时代，解决"三农"问题，做好"三农"工作，乡村振兴战略起着提纲挈领的作用，这直接影响着社会主义现代化建设的大局。落实和深化乡村振兴战略，促进农村发展，达成产业兴旺、生态宜居、乡风文明、治理有效、生活富裕的美好图景，一方面是农村农业现代化牢固的物质基础，另一方面是全面建成社会主义现代化强国的重要保障。

第二章　中国农业农村发展历程及政策演变

古往今来，我国都是农业大国，"三农"就是社会稳定的基础，也是社会发展的基础，建设乡村、发展乡村是我国历史的主旋律。新中国成立70多年，在农村和农业建设方面创造了无数震惊世界的中国奇迹，这是因为其背后有着科学的政策指引。"三农"工作的重点就是结合经济社会的发展情况、阶段性特征，抓住时机和形势对农村政策进行革新，持续深化农村改革。本章主要内容为中国农业农村发展历程及政策演变，主要介绍了两个方面的内容，依次是集体化阶段、乡村振兴战略实现路径。

第一节　集体化阶段

一、发展概况

在中华人民共和国刚刚成立的时候,百废待兴,城市发展较为落后,工业水平较低,因此,当时最重要的就是快速发展工业,特别是快速发展重工业,而以农业经济为主的农村当时的任务就是保卫粮食安全,为工业发展提供原材料。当时的农村工作主要就是国家主导的乡村建设运动,其目标就是恢复和发展农业,因此,农村在基础设施和农民生活方面实现了大幅改善。自20世纪50年代中期开始,党和政府逐步创设了互助组、初级社、高级社等,以此来组织农民,成立了社会主义农业组织。这些农民公社组织实现了工农商学兵结合、政社合一,被称为社会主义新农村的更高形式。此时期农村发展的主导者就是农村生产互助组、农业初级合作社、农业高级合作社、人民公社等,有着极大的规模和广泛的影响力,国家的各个地区都会受到一定的影响。除此之外,知识青年还开展了轰轰烈烈的上山下乡活动,也使得农村发展获得了新的生机与活力,农村在基础设施、公共服务和基层政权组织形式等方面有了改变,相比新中国成立前,农民的生活和生产都实现了跨越式发展,并且为改革开放后的快速发展提供了牢固的基础。

二、主要政策

基于社会主义建设总路线,党和政府着力在农村推进集体经济的建立和发展,着力在城市和工业方面发展全民所有制经济,并且有目的、有体系、有步骤地开展了社会主义改造,最终建成了集体经济和全民所有制经济并行的社会主义公有制经济。此外,发展"以农业为基础、以工业为主导"的模式,对重工业进行优先建设,将恢复农业生产作为基础,基于此,对城乡间的人口和产品的流动进行严格限制,践行"农业支持工业、农村支持城市"战略。

基于以上政策,我国自新中国成立至改革开放前的这段时间内,最主要的农业农村政策有四个方面，分别是土地制度改革、农业合作化改造、建立人民公社制度、统购统销和供销信用合作政策。这些政策随着社会的发展而相继实行，各有侧重，一起为我国的农业农村发展奠定了政策框架，并在这段时间内，为农业生产和农村建设提供了强大推助力。

（一）土地制度改革

新中国成立之后，首先开展的工作就是恢复农业生产，基于社会主义建设总路线，开展农村土地改革是当时最急迫的任务。通过总结解放区土地改革的做法和经验，我国于 1950 年 6 月颁布了《中华人民共和国土地改革法》，这是新土地政策的法律依据，也就是"废除地主阶级封建剥削的土地所有制，实行农民的土地所有制"。

新中国最初成立之时，纵观全国的土地制度情况，新解放区中仍有占全国半数人口以上的地区没有实现土地改革。关于全国土地改革前农村各阶级对耕地的占有情况，国家统计局公布的统计资料是这样显示的：地主、富农的数量不足农户总数的 7%，却占据着半数以上的耕地，而贫农和雇农数量占农产总数的 57%以上，却只有 14%的耕地，多数都是没有土地或者仅有少量土地。在人均占有耕地的数量上，地主是贫农和雇农的二三十倍[1]。广大的农村中尽是大量的无地农民和少地农民。

当时土地改革的主要措施包括：将地主的土地全部没收，并按照"乡"的单位，为无地农民、少地农民、地主进行平均分配，保护中农、富农的土地和财产，保存富农经济[2]。历时三年，我国基本上完成了全国范围内的土地制度改革，将 7亿亩左右的农村土地分配给了 3 亿左右的农民，自此封建土地所有制在我国彻底消除了。

（二）农业合作化改造

土地制度改革完成之后，我国仍然存在着数量庞大的传统小农经营，这对当时的工业现代化造成了一定的阻碍，由此开展了一场社会主义性质的、旨在建立

---

① 美篇. 土地改革 [EB/OL]. （2020–12–13）[2022–08–08]. https://www.meipian.cn/3b53anwe.
② 任庆国. 我国社会主义新农村建设政策框架研究 [D]. 保定：河北农业大学，2007.

集体经济的农业合作化改造。1953 年底，伴随着土地制度改革的完成，政府发布、实施了《中共中央关于发展农业生产合作社的决议》。它对之前在试验区尝试的"土地入股、生产互助"农业生产合作社的优越性给予了充分认可。在党中央的大力号召下，短短两年，全国农业生产合作社数量从 1.4 万个增长到 190 多万个，全国入社农户占比达到 60%。与此同时，部分地区开始探索更高级别的生产合作形式——生产资料和生产剩余均归集体所有，并快速向全国推广。截至 1956 年末，农业高级生产合作社发展到 54 万个，入社农户占比提高到 88%[①]。我国只花费 4 年的时间，全国的农业合作化改造就基本上完成了。

（三）建立人民公社制度

人民公社的建立可以追溯到 1958 年河南驻马店遂平县的嵖岈山卫星人民公社，这个人民公社组织收获了良好的成效，被毛泽东高度评价。对其特点，毛泽东是这样概括的："一大二公"。其中"大"指的是规模大，人民公社内包含上千户的农业合作社，规模有上千户，通常一个乡只有一个人民公社；"公"指的是公有化，农户要将所有财产上交给公社，并且在全社范围内进行统一的核算和分配，采取供给制度。1958 年 8 月，《中共中央关于在建立农村人民公社问题的决议》被推出，全国开展了建设人民公社的运动。仅这一年，就有 99% 以上的农户加入了人民公社，农村地区快速地完成了人民公社化。此后几年，在多次调整和优化之后，逐渐构建出了"三级所有、队为基础""政社合一"的人民公社体制。按照 1962 年 9 月的《农村人民公社工作条例修正草案》，农村人民公社实行"各尽所能、按劳分配、多劳多得、不劳动者不得食的原则"，让社会主义的互助、互利的集体经济，与全民所有制经济共同成为社会主义经济的两种形式。

（四）统购统销和供销信用合作

由于有着显著的粮食供求矛盾以及"农村支持城市"的战略，在 1949 年中华人民共和国成立后，党和政府推行了粮食统购统销的制度，同时对供销合作社、信用合作社进行组建。1953 年之后的 32 年里，粮油统购统销制度一直持续着，

---

① 伟大光辉的历程——建党以来农村政策回顾 [J]. 农村工作通讯，2011（13）：6-19.

也就是在农村进行粮食征购，在城市进行粮食定量配给；1957年，基本上形成了供销合作社的上下连接、纵横交错的全国性流通网络，供销合作社肩负着工农产品交换的关键性职责；20世纪50年代，建立了农村信用合作社这一农村互助合作组织，其工作的核心就是对农业生产没有充足的农具、农资的问题进行解决。这三者针对的是国家、农民、农村之间的关系，在较长时间的实行中，有力地推动了生产发展，为人民生活提供了基础保障，促进了社会秩序的稳定。

党的十九大报告第一次提出乡村振兴策略，对乡村振兴战略进行了概括，提出要坚持农业农村优先发展，按照产业兴旺、生态宜居、乡风文明、治理有效、生活富裕的总要求，建立健全城乡融合发展体制机制和政策体系，加快推进农业农村现代化。这其中，农业农村现代化是实施乡村振兴战略的总目标，坚持农业农村优先发展是总方针，产业兴旺、生态宜居、乡风文明、治理有效、生活富裕是总要求，建立健全城乡融合发展体制机制和政策体系是制度保障。

乡村振兴战略为乡村建设提供了新思路、新方向，有着深刻且深远的意义，其内容十分丰富。要从历史维度、理论高度以及实践广度上对乡村振兴战略进行理解。推行乡村振兴战略，对于农业农村发展繁荣有着重要意义，对于新型城镇化进程有着重要意义，同时关系着市场经济的健康与持续发展，关系着富强、民主、文明、和谐、美丽中国的建设，展示出了党和政府在"三农"工作上给予的高度重视。

中国要强，农业必须强；中国要富，农民必须富；中国要美，农村必须美。实施乡村振兴战略必然开启新时代中国农业农村发展变革的新征程。富裕繁荣的乡村既是中华民族伟大复兴的目标，又是中华民族伟大复兴的基本条件。根据十九大要求，将2020年到21世纪中叶分为两个阶段，在2020年全面建成小康社会的基础上，进行15年的奋斗，于2035年基本实现社会主义现代化，并再以此为基础进行15年的奋斗，完成社会主义现代化强国建设。

根据2018年中央一号文件《中共中央国务院关于实施乡村振兴战略的意见》所提出的目标要求，于2050年，实现乡村全面振兴，全面实现农业强、农村美、农民富的理想。毫无疑问，乡村振兴是全面建成小康社会的终点，是建成富强民主文明和谐美丽的社会主义现代化强国的起点。

第二节　乡村振兴战略实现路径

2018 年中央一号文件首次围绕实施乡村振兴战略提出的顶层布局，其指导思想是全面贯彻党的十九大精神，以习近平新时代中国特色社会主义思想为指导，加强党对"三农"工作的领导，坚持稳中求进工作总基调，牢固树立新发展理念，落实高质量发展的要求，紧紧围绕统筹推进"五位一体"总体布局和协调推进"四个全面"战略布局，坚持把解决好"三农"问题作为全党工作重中之重，坚持农业农村优先发展，按照产业兴旺、生态宜居、乡风文明、治理有效、生活富裕的总要求，建立健全城乡融合发展体制机制和政策体系，统筹推进农村经济建设、政治建设、文化建设、社会建设、生态文明建设和党的建设，加快推进乡村治理体系和治理能力现代化，加快推进农业农村现代化，走中国特色社会主义乡村振兴道路，让农业成为有奔头的产业，让农民成为有吸引力的职业，让农村成为安居乐业的美丽家园。

（一）提升农业发展质量，培育乡村发展新动能

乡村振兴，产业兴旺是重点。必须坚持质量兴农、绿色兴农，以农业供给侧结构性改革为主线，加快构建现代农业产业体系、生产体系和经营体系，提高农业创新力、竞争力和全要素生产率，加快实现由农业大国向农业强国转变。

（二）推进乡村绿色发展，打造人与自然和谐共生发展新格局

乡村振兴，生态宜居是关键。良好生态环境是农村的最大优势和宝贵财富。必须尊重自然、顺应自然、保护自然，推动乡村自然资本加快增值，实现百姓富、生态美的统一。

（三）繁荣兴盛农村文化，焕发乡风文明新气象

乡村振兴，乡风文明是保障。必须坚持物质文明和精神文明一起抓，提升农民精神风貌，培育文明乡风、良好家风、淳朴民风，不断提高乡村社会文明程度。

（四）加强农村基层基础工作，构建乡村治理新体系

乡村振兴，治理有效是基础。必须把夯实基层基础作为固本之策，建立健全党委领导、政府负责、社会协同、公众参与、法治保障的现代乡村社会治理体制，坚持自治、法治、德治相结合，确保乡村社会充满活力、和谐有序。

（五）提高农村民生保障水平，塑造美丽乡村新风貌

乡村振兴，生活富裕是根本。要坚持人人尽责、人人享有，按照抓重点、补短板、强弱项的要求，围绕农民群众最关心、最直接、最现实的利益问题，一件事情接着一件事情办，一年接着一年干，把乡村建设成为幸福美丽新家园。

（六）打好精准脱贫攻坚战，增强贫困群众获得感

乡村振兴，摆脱贫困是前提。必须坚持精准扶贫、精准脱贫，把提高脱贫质量放在首位，既不降低扶贫标准，也不吊高胃口，采取更加有力的举措、更加集中的支持、更加精细的工作，坚决打好精准脱贫这场对全面建成小康社会具有决定性意义的攻坚战。

（七）推进体制机制创新，强化乡村振兴制度性供给

实施乡村振兴战略，必须把制度建设贯穿其中。要以完善产权制度和要素市场化配置为重点，激活主体、激活要素、激活市场，着力增强改革的系统性、整体性、协同性。

（八）汇聚全社会力量，强化乡村振兴人才支撑

实施乡村振兴战略，必须破解人才瓶颈制约。要把人力资本开发放在首要位置，畅通智力、技术、管理下乡通道，造就更多乡土人才，聚天下人才而用之。

（九）开拓投融资渠道，强化乡村振兴投入保障

实施乡村振兴战略，必须解决钱从哪里来的问题。要健全投入保障制度，创新投融资机制，加快形成财政优先保障、金融重点倾斜、社会积极参与的多元投入格局，确保投入力度不断增强、总量持续增加。

（十）坚持和完善党对"三农"工作的领导

实施乡村振兴战略是党和国家的重大决策部署，各级党委和政府要提高对实施乡村振兴战略重大意义的认识，真正把实施乡村振兴战略摆在优先位置，把党管农村工作的要求落到实处。

第三章 乡村振兴的相关理论研究

乡村振兴战略既涉及农村"五位一体"建设，还关系到城乡关系重构和我国经济社会发展全局，所涵盖内容颇为宏大和丰富。本章主要论述乡村振兴的相关理论研究，拟从区域发展、产业经济、组织制度、生态环境、基层治理和社会文化六大视角，梳理与农业农村发展相关的基础理论和思想，为乡村振兴的政策制定乃至实践探索提供理论借鉴和支撑。

第一节　区域发展视角

要分析内部显著的地理差异对经济发展的影响，就不能不引入区域（地理）因素。"区域"这个词在学界至今未作出明确定义，其概念的大小主要是由研究目的与问题性质所决定的。其概念的界定如此困难，原因主要在于：由于研究问题的重要性不同、类型不同，区域大小的变动范围非常大；区域具有邻接性，也是说，要把一个国家划分成不同的区域，其中不能存在飞地；区域在很多学科中都有出现，不同学科的学者因为研究目的的不同，通常会作出不同的关于区域的界定和划分。

区域，首先是一个客观的空间地理存在。人类所有的活动都是在一定的区域里面进行的。立足于社会科学，"区域"这个概念极为广泛并且有相对性，在不同的研究视角和针对不同的研究对象，各学科关于区域概念的界定存在差异。立足于地理学，区域就是地球表壳的地域单元，整个地球就是由无数个区域组成的。立足于政治学，区域是开展国家管理的某一行政单元。立足于社会学，区域就是具有相同语言、相同信仰与民族特征的人类社会聚落。立足于经济学，区域就是因为人的经济活动而形成的、存在特定地域特征的经济社会综合体。

一、区域经济理论

（一）区域经济概述

1. 区域经济的特征

在经济产出增长的同时，现代区域经济在经济、社会和政治结构方面也随之发生了变化，其主要发生在投入结构、产出结构、产业结构、分配结构、消费结构和社会福利等方面，还包括经济生活质量的显著改善。区域经济存在两个鲜明的特征：其一，区域经济有着特定的存在空间，因而存在着显著的地域性；其二，从复杂性上来看，区域经济是国民经济的缩小化，因而存在着显著的综合性。

（1）区域经济具有层次性、开放性

对于国民经济这个巨大的系统而言，区域经济只是其中的一个子系统。从其外部方面分析，区域经济置身的环境就是国民经济环境，不仅为宏观经济环境所限制，也对其有所影响。同时区域经济和其他子系统之间必然存在多样的系统置换，也就是说有着广泛的区域联系。

①宏观经济环境。区域经济系统在国民经济体系中产生以及存在，后者的总体水平、结构、运行状况，国家的宏观经济政策，特别是区域政策、产业政策，就是前者的宏观经济环境的构成部分。宏观经济观景不仅对于区域经济系统的内部诸要素结合形态有着影响作用，同时对于其运行态势也有着决定作用。

②区域联系。区域经济系统和其他子系统间存在着多方向、多维度的系统置换，即区域之间存在广泛的经济联系。由于区域经济子系统间在要素禀赋方面存在不同，所以经济活动的方式和内容也有不同，进而使得不同区域间存在劳务地域分工和商品劳务交换。就算是这种要素禀赋方面的不同较为微小，区域间也会有基于差异化的技术和差异化的技术水平的分工，或者有基于差异化经济规模的分工，因为分工的存在，区域间形成了密切的经济联系。现代市场经济发展，造就的专业化和社会化的发展，进一步使得劳动分工更加细化，一个区域往往只能进行存在具有比较优势的商品的生产，但是人们的需求是丰富多样的，商品交换也就自然且必然地进行了，这表现于地域空间就是区域贸易。而区域间的要素禀赋有差异，加之技术经济要求区域间相互联系，因此，区际要素流动和区域间的竞争与合作也就出现了。

（2）区域经济具有客观性和动态性

区域作为一种客观存在，能够按照某种目的对它进行描述、进而划分区域，同时可以对它的一般规律进行揭示。此外，区域是在持续演变的，在社会经济发展的同时，其内聚力也在随之持续变化，从而使得区域也跟着持续变化，这种变化在经济区域的结构、功能、规模和边界方面尤为明显。在特定的时期内，通常而言，区域也有着一定的规模以及较为明确的边界。按照区域类型的差异，其边界也许是明确的线性，也许是交叉融合的带状。因为商品经济较为落后，在区域经济间有一定概率暂时存在空隙地带，也就是飞地。

（3）区域具有一定的等级体系

区域可以是一个城市工业区，也可以是一个大的经济地带，甚至是一个国家。区域经济学研究的地域单元主要是国内的区域。根据地域规模，国内区域大致上可以划分为地带级、大区级、省区级、市级、县级、乡镇级等多个层次，并且区域不在同一个等级层次，那么其规模一般存在较大的差距。不能忽视的是，区域的划分不是无限的，单元区的规模是其中最小的。

2.区域经济发展不平衡性

（1）区域发展差异影响因素

区域经济存在差异的主要影响因素是发展基础、政策、体制环境、要素流动和经济结构等。区域经济发展基础的差异主要为自然基础、经济基础、社会基础、区位条件的差异。其中自然基础的差异，一则在于区域间差异化的自然资源禀赋，这对区域的经济活动或产业的类型及效率造成的影响和限制，进一步对区际分工格局、各自在区际分工中的地区和利益分配的多寡产生影响，二则在于区域经济发展或多或少受到了自然环境的影响。其中经济基础的差异指的是，区域经济发展的速度，以及发展的总量规模都会受到原本的经济基础的制约。社会基础对于现代区域经济发展的支撑作用愈加显著。此外，区域经济发展也会受到区位条件的影响，所谓区位条件能够对全国经济发展总体格局中区域占据的地位以及其与市场、其他区域的空间关系有所反映，这种空间关系对于区域的发展机会和空间有着一定的影响。

区域经济发展还会受到国家经济政策的重要影响，例如，改革开放后，我国对于沿海地区实行了更多的有利政策，这在一定程度上使得区域间经济差异产生并加剧。区域经济发展时，要素的流动和收益率有关，通常是根据其大小，由低向高地进行区域流动。区域经济结构和条件对于区域经济增长同样存在重要影响。因为区域资源禀赋不同，人类社会的经济发展呈现出空间地理上的落差，然而在传统的自然经济环境中，各区域的经济发展较为相近。在市场经济环境中，工业化和城市化不断推进，这种区域间的经济发展才出现了越发鲜明的不平衡、不协调的问题。学者研究的重点往往放在区域发展差距的影响因素、怎样缩小区域发展的差距、促进区域发展的措施等方面。

（2）区域创新能力

区域创新能力指的就是某地区在把知识转化为新产品、新工艺、新服务方面的能力，这种能力的要素包含知识创造能力、知识流动能力、企业的技术创新能力、创新的环境、创新的经济效益等多方面。区域基于具体地区构建合适的创新模式，对其创新能力进行增强，本质就是对其经济实力和综合竞争力的提升，有力地推动了其自身的发展。

首先是区域技术创新。这是提升区域竞争力的关键。其主要是对知识形态到物质形态的转化的达成，以及经济和技术的有机结合的达成进行重点研究，要促使科学技术真正意义上地发挥对区域经济发展的推动作用。其次是区域产业创新。今后区域经济发展的重点就在于调整产业结构，但首先要对其调整指明方向。这就需要基于地域优势进行产业选择，促进产业选择区域化，而非进行全国范围的重工业化或者轻工业化。再次是区域环境创新。这就要求在构建良好的地区经济发展环境的目标下，构建出区域优美的自然环境、良好的投资环境和和谐的社会生活环境。通过对良好的区域环境的构建，对投资进行吸引，进而实现地区经济发展。最后是区域空间创新，借助开发新区的方式对老区的种种问题进行解决，要坚持可持续发展理念。对新区的开发不再是以往的"招商引资"，而是对原有企业进行聚集，将重点放在提高原有企业的技术和产品生产上面来，为现有产业技术的升级提供助力。

（3）产业集群、新产业区和高新技术产业开发区

如今区域经济发展最新形式的产业布局就是产业集群、新产业区和高新技术产业开发区。产业集群包括当地某产业的相关企业、产业相关的研发机构、政府，以及和这些企业相关的机关、机构等，其中的每一个单元对于整体而言都是不可忽略、不可缺少的重要构成，这些单元彼此协调、共同发展，促使产业集群整体实现连带性的互动关系，获得集体竞争力。

研究新产业区时，不仅要对其一般的聚集意义有所重视，也需要尤其关注专业化和小企业集群，对企业间的合作与竞争以及制度的建设予以充分关注。以往，进行产业布局的过程中往往关注的是大企业，围绕着大企业进行要素分析和布局。

如今，研究表明，小企业的布局的新意更强，规律更为明显，小企业的聚集和产业群的形成，促进了我们更深刻地了解和分析产业化分工，使我们能够实现与理想更为相似的专业化分工。

高新技术开发区是产业集群发展的政府主导的形式。21世纪以来，高新技术开发区的比较优势的明显变化主要表现在以下方面：高新技术形成的技术优势逐渐弱化、独有的政策优势不再明显、优越的发展条件不再突出。各地区和各高新技术开发区都正在思考，新形势下，我国的高新技术开发区要怎样发展。而要对这一问题进行研究，就必须对研究高新技术开发区的比较优势问题、高新技术开发区的经济和技术功能重新定位问题、技术转让和企业孵化器的功能转化问题以及高新技术开发区转变为区域经济发展的增长极问题。

3. 城市与城市化

城市是由社会经济高度发达和科学文化历史发展积淀而形成的，在人类文明历史上具有里程碑式的意义。自诞生以来，城市标志着社会生产力集聚和商品经济活动以及市场发育的进步。至今，城市实现了从事二、三产业的大量人口的集聚，实现了城市基础设施、市政公用设施以及文化娱乐设施的集聚，城市已然是区域经济发展的中心，位于促进现代社会高度发达的前沿，同样位于整个国家或地区可持续发展的创新中心。在很多学者看来，城市与区域之间，前者为中心，后者为基础，彼此补充、促进，是难以分割的有机整体。

（1）区域发展中心——城市

每个城市都是在一定的地域范围内形成的，其发展也对其所在的经济区域形成辐射。为什么城市在区域经济发展中有如此重要的作用，其主要原因在于：城市内存在资本、高素质劳动力、技术和其他稀缺性生产资源等的密集分布，也存在着这些资源的高效组合，有着难以估量的能量能够进行社会财富的创造；城市对于区域经济系统而言是核心，也是最重要的成分。城市中对大量的科技人才、研究机构和技术手段实现了集中，是最主要的技术创新的原生地，也是最主要的创新技术的集散地。作为区域主导产业的集中地，城市能够四面八方地对其他产业形成联系，并带动其发展。城市的收入水平较高，生存条件和发展条件较好，深刻吸引着农村人口的转移，推动了人口流动，实现了人口从农业向工业的流动，实现了人口从生产效率低的产业向生产效率高的产业的流动，进而使得区域生产力整体上实现增强。在发展以及带动区域发展的同时，城市促进了所在区域规模的扩大，促进了城市经济在区域经济中占据越来越高的比重。

从国家社会经济整体上看，城市化这一变迁过程是巨大的，是深刻的，其与制度安排存在着必然的密切联系。城市化不只是生产力发展和提升的过程，更是社会经济关系调整的过程。主要社会经济关系的调整就是乡村和城市、农业和非农（产）业、农村居民和城市居民之间经济关系的变化和调整，这与农业经济的经营方式、土地产权的制度安排、就业政策和社会保障制度等内容存在关联。

（2）大都市圈和城市群

改革开放四十多年，我国的工业化和城市腾飞式发展，如今以珠三角、长三角、环渤海地区等为代表的大都市圈与城市群发展的阶段已基本形成，"三大特大城市群、八大城市群"的发展格局已经形成。当前，在促进区域协调发展方面，城市群是重要途径，承载着现代工业、市场以及信息平台。我国的基本国情就是人口众多而土地较少，城市群的形成能够促进适度规模经济的发展，做好城市群规划，更能促进可持续发展。以往，城市群强调的是竞争，这也促进了其在国际市场的竞争优势的形成。如人们对于纽约、伦敦等城市群的突出印象之一就是有着较强的国际竞争力。

提高空间集中度能够实现更大的区域发展差异的引发。我国现行行政体制的特点就在于对生产要素流往高等级城市集聚的促进。不同的等级配置着对应的资源，城市等级越高，其教育资源、医疗资源、文化设施等也就越好。要素的流动使得城市群发展加快，也使得要素配置度提高。在要素流动的市场化中，劳动力是流动度最高的，其在自由流动之下，部分地区呈现出净流入现象，部分呈现出净流出现象。一般情况下，净流入的往往是经济较好的地区或城市。如东北地区，净流入的主要城市为各省会和大连，其余城市多是净流出。城市统计分析显示，近几年净流入的基本是人口 500 万以上大城市。

4. 中国区域发展

我国区域经济发展情况尤为复杂。我国具有较强的可持续发展能力，此基础在于广袤的疆域、大量的资源、庞大的人口、多样的民族文化以及广大的发展空间。对于综合国力和国际竞争而言，这种能力和区域经济水平起着决定性的作用，对于政治稳定、社会进步和区域经济结构转型升级的大系统战略及其宏观、微观定位也有着密切联系。由于区域间有着不同的自然环境基础、差异化的生产条件、差异化的自然资源要素禀赋、差异化的经济技术发展，加上二元经济结构的影响，我国区域经济发展呈现出了显著的复杂性和曲折性，有诸多因素对区域科学、协调发展体制机制形成制约。

（1）二元经济结构与城乡协同发展

我国的二元经济结构特征显著，难以短时间内实现完全消除。长时间的二元经济政策导致农村获得的投入较少。同时因为区域经济水平不一，其二元经济结构也不同。政府必须深入思考怎么借助市场与行政手段解决"三农"问题，怎么使农业、农民与农村共享发展成果。

（2）积聚与平衡

改革开放至今，我国区域政策最初以经济特区为重心，以沿海地区为优先，后以浦东开发为首要，以沿江沿边为重点，再为缩小区域发展差距而进行西部大开发，现为区域协调发展而强调共同发展。

产业集聚体现在多个层面。2004年左右，产业发展变为扩张式，以缩小区域发展差距为导向。对此需要注意的是，其背后的原因是市场作用，还是政府的政策作用。从本质上看，城市内部空间结构的集聚效应和拥挤效应相互权衡而形成的，据此分析城市发展，能够更好地对城市很难使就业空间和居住空间相结合作出理解，明白城市交通压力存在的必然性。

回到区域平衡上，近十几年来，政府对相对落后地区的支持越发依赖财政转移。这固然十分必要，但对经济长期增长有所阻碍。政府干预过重一定程度上阻碍着经济发展，必须要警惕财政转移的不利之处。所以，需要关注到在经济发展和区域平衡上，劳动力自由流动的根本作用。

（3）城市化发展路径

从世界层面看，我国是特殊类型经济区域。区域政策的出发点和归宿都是要达成区域经济协调发展，这就需要较强的机遇意识和忧患意识，促进区域经济转型与发展。相信未来，中国经济总量必将超越美国，同时还要注意避免"中等收入陷阱"。这就需要城市化以及城乡、区域的生产要素再配置的支持。此外，还要实现社会和谐发展，这同样需要城乡和区域的协调发展的支持。过去，我国的工业化依靠的是廉价劳动力形成的比较优势，而未来发展必须要对此作出改变，实现经济发展模式转型升级，发展城市和区域的规模经济，构建国际化大城市群，增强国际竞争力。为此，要探索"在集聚中走向平衡"的城乡和区域发展道路，其中促进城乡和区域间的生产要素流动十分重要。

我国的城乡和区域发展研究发展较快，目前已基本形成"未来区域和城市发展路径的共识"。此共识是学术上的，不是社会共识，但其正在改革深化的过程中逐渐凝聚和明确。其展开来说如下：

经济活动集聚形成规模经济，其集中体现为城市。我国未来经济增长中，城市化和区域城市布局调整是新动力。然而，在土地和户籍等制度的限制下，我国的生产要素难以充分在城乡和区域间流动，尤其是劳动力。这就导致了城镇化相比工业化较滞后，经济集聚度不足，城市规模不足，城乡收入差距大。同时，城市内部形成"新二元结构"，外来劳动力无法享受和城市居民一样的公共服务和社会保障等，这造就了城市内部社会分割与不和谐。

如今，我国城市化进程中迫在眉睫的是要培育要素市场以及促进城乡和区域间的生产要素再配置，使得大城市经济集聚效应最大化，助力制造业、服务业持续发展，使格局上呈现出大城市和都市圈带动中小城镇，各规模和地区城市分工协调、相互促进的特征。同时，切实促进新移民的城市化，使之享受平等的市民待遇，破除"新二元结构"，基于要素自由流通的前提，使城市化和工业化水平相适应，使城乡和区域间人民人均收入和生活水平相协调。这种协调发展的格局也是经济长期发展和社会和谐的基础。

（二）国外区域发展经济理论的形成

20 世纪 20 年代，部分实现工业化的国家，老工业区的结构性衰退问题逐步显现。20 世纪 30 年代，老工业区和贫苦地区由于经济危机而衰退加剧，大量人口失业，出现严重的城乡和区域间的经济发展失调。这些国家对此采取了多项措施。例如，美国在1941年建立田纳西河流域管理局，对此流域的综合开发计划进行制定，这获得了较大的成功，并对其他国家的政策调整提供了参考。但是，欧美发达国家对区域经济问题予以广泛重视还是在"二战"结束后。

1945年后，资本主义经济迎来繁荣时代，各国对于经济发达、技术先进、基础设施好的区域投入了大量的资源，使得其发展步伐加快，为大量劳动力提供了工作岗位。基于这种经济政策，资本主义世界经济实现了高速增长，失业率较低。但是仍有部分地区发展较慢，失业率较高且在持续恶化，这些失业人口流往大城市，即使是位于当时世界经济顶层的美国也有部分地区存在劳动力过剩、人口大量外流、经济状况日益恶化的问题，这也成为众多学者关注所在。

这些都表明，基于企业利润最大化形成的区位布局，多数时候并非区域整体效益最大化的区位布局；经济普遍繁荣不是解决区际发展差距的根本方法，生产要素由于市场力而流入高回报率的地区的情况不会发生转变，落后地区会因为资本和劳动力的流失而更加落后，形成恶性循环。在这些问题出现的同时，大量的经济学家随之开始借助宏观经济学理论对区域经济政策、劳动力就业以及城市问题进行研究，这些研究将解决区域问题归到宏观经济学研究领域，对经济增长发生在国家次一级地域层面上的背后因素，以及发达地区和贫困地区的形成和其经济发展速度存在的巨大差异等进行重点研究，这种区域经济研究相关的理论就是区域经济增长理论。如此，单纯的区位研究变为区域经济研究，微观逐渐转向宏观。

20世纪80年代，仍有部分经济现象不能由区域经济学解释，特别是经济活动的空间聚集不断自我强化的机制。如今这一机制的解释切入点主要为缪尔达尔循环累积因果关系①。这种关系导致的空间聚集现象是区域经济学重要的研究内容。但是这种关系的部分关键性问题仍无法用传统的规模收益不变和完全竞争的新古典理论解释。当企业层面规模收益递增，那这种关系就能够被解释；否则，企业未必将生产区位定为大市场区，而是分别将工程建立在多个单个市场，这种关系也就不存在了。若规模效益递增，企业竞争就非完全竞争，其中市场份额大

---

① 汉斯·迈克尔·特劳特温，王爱君.累积进程与极化发展：缪尔达尔的贡献[J].经济思想史评论，2010（01）：111-130+241.

的企业能够对其他企业的进入进行阻止，就能够成为这一行业的垄断企业。此外，运输成本对生产区位的选择十分重要，但新古典理论不能将其归于一般均衡分析框架，否则一般均衡模型就不存在均衡或只存在"零解"，所以有了"空间不可能定理"。20世纪70年代，这些理论问题在迪克希特和斯蒂格利茨产业组织领域掀起"收益递增革命"以后才得到解决。此后，以克鲁格曼为代表的一些学者在经济学的诸多领域应用了产业组织理论分析工具，对经济活动空间聚集现象作出解释。在这些基本理论突破的同时，区域经济学更接近成熟，形成了较为完整的区域经济学理论框架。

对于任何国家，其城市等级体系内部都有着复杂的经济关系，任何城市的规模都会因为市场、制度、外部环境变化、宏观经济冲击等，出现非线性发展趋势。城乡融合区域使得原有城市等级分布格局出现变化，越发密切的城乡关系和不断强化的要素流动使得局部区域迅速增长，进而导致发展中国家对传统行政区管理模式进行超越，立足于区域发展和大都市视角，对城乡关系进行协调，对城乡资源进行优化配置，促使其快速流动，对城乡一体化机制进行构建，对公共产品供给缺口进行填补，对城郊接合部土地利用管理进行强化等，从而形成区域政策体系，同时从单一、微观、一二产业，走向多元、宏观和第三产业，利用地区资源区位优势对产业空间进行合理布局，这也是区域经济发展研究获得突破的重要理论依据和启示。

20世纪80年代后，因为政府大量公布统计数据和不断发展的计算机网络技术，区域经济学研究范围和领域不断扩展，地理学、社会学、人口学等领域的学者在区域经济研究方面也有很多成果，这也为诸多国家高度重视，国家创新体系理论繁荣，形成了区域创新体系研究风潮，区域经济理论得到进一步的发展。

城市发展中，经济全球化和信息化的影响主要体现在四个方面：全球城市体系形成、大城市带更有发展活力、首位城市主宰世界经济趋势明显、多级多层次世界城市网络体系形成。在国际分工中，发达的大城市将最早迎合全球化发展趋势，成为重要部分，国际城市和区域间的合作将更为深化，这也造就了城市内部加速扩散与加速聚集的同时并存。在一些生产性服务业会形成高度聚集趋势，区域之间和产业之间分工合作也逐渐走向产业内和产品内分工协作。也就是说，全球化趋势下，城市不再是区位，而是生产节点，企业微观经济活动变得与城市和区域发展密切联系，因此，区域经济发展影响因素也更复杂化，进而对转变政府职能、促进区域市场一体化提出更高要求。

（三）我国区域发展理论与实践

每个国家都在研究区域经济学，中国的区域经济学正是为了满足中国区域经济发展的需要应运而生并不断得到发展的，它是以一定地域范围内各种生产要素的合理配置为对象，探讨各地区之间相互关系及相互作用的一门综合性、边缘性学科。伴随着中国改革开放的深化，目前在中国，许多区域性问题已经产生，最突出的问题包括城乡差距、区际差距、产业转移、区域协调发展、"三农"问题、城市化发展、城乡统筹等方面。在对这些区域性问题进行探讨与处理时，区域经济学科在我国已逐步形成并不断完善。

1. "三线建设"与生产力均衡布局理论

首先，优先发展内地的思想和生产力平衡布局思想最先在《论十大关系》中被毛泽东提出。毛泽东主张大力发展内地工业和沿海工业基地，以构建工业发展的平衡局面。区域经济学作为一门交叉边缘学科，要求在一定地域范围内，合理配置各种生产要素，综合探讨各地区之间相互关系及相互作用。生产力均衡布局的思路是第一代领导集体统领全国经济发展总的指导思想。马克思和恩格斯认为全国的大工业发展要尽量均匀分布①，生产力均衡布局的思路是中国区域经济平衡发展的主要理论依据。具体来说，在生产力均衡布局理论的形成及其实践过程中，其发展重心在内地，人们以生产力均衡布局理论为指导，以三线建设为核心，在中西部地区重点开发。这是从 20 世纪 60 年代初期就提出并付诸实践的战略方针。1964 年以来，工业布局的重心向内地转移，在中国中西部地区，大规模三线建设工程已经启动，其途径主要有两条：一是在中西部三线地区新建工业企业，二是沿海地区大批厂房迁往内地。由于这两次大规模的三线建设都与国家对重工业优先发展政策有关，因此又被称为重工业基地的战略转移或"两线并进"。

---

① 毛泽东 . 毛泽东文集 第 7 卷 [M]. 北京：人民出版社，1999：25.

另外，少数民族地区经济的发展问题，也是生产力均衡布局理论的重点。由于历史原因和现实因素的制约，我国少数民族地区的社会经济状况与发达地区相比差距较大，特别是西部少数民族地区的落后面貌更为突出。中央政府在技术、资金、材料、人力等方面都有一系列政策与举措，在少数民族地区开展了许多援助政策实践。这些政策措施取得了明显的效果，但是在实施的过程中存在着很多问题：首先，政府是强调资源配置的主体，那么国家的指令性计划就是生产力布局实现的一种途径，这相当于放弃了市场机制的配置资源功能；同时又过分夸大民族因素在生产力合理布局中的重要影响，忽视了各民族所特有的自然条件和社会环境以及文化传统对生产力分布格局产生的制约作用。其次，政府偏重内地区域，忽视沿海区域，这种思想对东部地区经济发展，甚至对全国整体经济效率都有阻碍作用。最后，全国到处都片面地强调要建立"完整工业体系"，大小局面都要建造完善。综上所述，我们要真正发挥市场配置资源的基础性作用，必须对现有体制进行改革，即打破行政区划分割，使各区域间形成合理的产业分工结构。专业化和分工思路虽然在生产力均衡布局理论方面也有提到，而形成于中国中西部和东部地区的分工格局基本呈现出垂直分工的态势，原料、燃料的生产基地为中西部地区，而制造基地则以东部地区为主，东西部的贫富差距就是被这种垂直分工的趋势拉大的。

2."先富带后富"与区际非均衡发展理论

在指导思想上，中国区域经济发展受改革开放的影响实现了历史性的转变：以往均衡发展向不均衡发展过渡，区域发展战略亦从偏向内地转变为优先发展东部沿海地区。另外，也是因为这种发展思想的变化，我国少数民族地区的社会经济状况与发达地区相比差距较大，特别是西部民族地区的落后面貌更为突出。具体来说，"先富带后富"的发展思想是以区域非均衡发展理论为指导，确立优先发展东部沿海地区。从中央到地方各级政府都十分重视东部沿海地区的开发建设。20世纪80年代初，我国实施东部沿海地区优先发展战略布局，分别建立4个经济特区包括厦门、珠海、深圳和汕头，确立了14个沿海开放城市，包括大连和秦皇岛等，20世纪90年代初上海浦东也加入其中。国家在各个方面向东部沿海区域给予优惠政策，包括体制改革，投资布局，对外开放等方面。这一系列改革措施极大地激发了东部地区广大人民群众建设社会主义新农村的热情。不久，中国东部经济社会发展呈现出蓬勃生机，成了拉动整体国民经济高速增长的引擎。另外，以区域非均衡发展理论为指导的"两个大局"发展思路。一是以提高生产力水平为主线，二是以加快改革开放步伐为主线。一个国家的生产力水平与经济发展之间始终存在着失衡现象，总有经济发展水平与生产力水平不相适应的问题。如果一个国家要想保持国民经济长期稳定持续的高速增长，就必须同时考虑到其生产力水平和生产力结构的实际情况是否相对合理。一个国家的经济，首先是集中在生产力水平高的高梯度地区，再运用高梯度地区进行经济扩散，逐渐迁移到低梯度地区，最终达到区域经济和谐发展。因此，从区域非均衡角度出发提出了建立以市场为导向，政府宏观调控与市场机制相结合的区域性开发体系。"两个大局"的设想，不仅重视区域经济的非均衡发展，并着重指出区域经济非均衡的平衡问题，是对区域经济非均衡发展理论研究的深化。从某种意义上说，这是一种以科学发展观为指导的新型区域发展思路。这一发展构想，也就成了我国新时期区域经济发展战略中的核心组成部分，也进一步成为区域协调发展的理论。

3. 区域发展差距与区域协调发展理论

首先，针对区际发展差距，区域经济非均衡协调发展的理论在我国已经被提出来。理论的核心可以总结为八个字：适度倾斜，协调发展。这一转变是基于对国内外区域发展理论与实践的深刻认识基础之上作出的正确选择。这一理论主张区域经济非均衡发展，这是非发达国家或地区的必然选择。但是我们要明白，非均衡发展并不是对少数区域和少数优势产业进行简单的独立开发，而是以优势地区为中心，以优势产业为依托，构建结构紧密的区域产业体系，使各区域互相协调发展。因此，要实现区域经济协调发展，必须对区域进行合理划分并采取相应措施。自 20 世纪 90 年代以来，我国的区域经济学以科学理论为指导，将区域经济的研究范围拓展至各个领域，包括优化产业结构、协调发展、区域发展模式等多个方面，目标是加强城乡联系，解决"三农"问题，为重大方针和政策的制定奠定基础。

其次，城乡统筹理论是我国针对城乡发展差距过大问题而作出的有效研究。

城乡统筹理论是指通过对农村劳动力转移过程中存在的矛盾进行分析，并根据这些矛盾采取相应的政策措施来促进农民增收致富的一种新观点和新思路。"三农"问题是制约我国经济发展的重大问题，城乡统筹的理论的重点就是为"三农"问题提出解决路径。在中国改革开放之初，"三农"问题是头等大事。而与西方国家城镇化理论相区别的新型城镇化理论的提出是在最近几年。国家统计局的数据显示，我国城镇人口的年均增长速度为1.1%，2017年中国城市化率为58.52%。证明城乡统筹理论的思路和对策是适合我国社会主义新农村建设的。这些都为推进城乡一体化提供了重要理论指导和政策支撑。在社会主义新农村建设中，就是要统筹城乡发展，具体化以工带农、以城带乡的理论指导，这是实现城乡共同富裕的根本出路。

4. "一带一路"倡议与经济活动空间拓展理论

首先，在21世纪，我国已着手对区域经济发展战略进行调整，目的是扭转中国区际生产力布局不平衡的局面，促进区域协调发展。战略调整的最大表现是中国区域经济从以往单极驱动向多极驱动的转变。在这个过程中，东部和中部成为主导地区。按照邓小平同志关于"两个大局"的战略构想，东部地区率先得到开发，再以东部地区为龙头，带动中西部地区的共同发展。在这个过程中，东部与中西部之间的关系经历着从合作到对抗再到融合的变化过程。但是在现实中，无法实现这种理想化的局面，东部地区发展不能有效拉动中西部地区；相反，东西部之间的贫富差距却进一步拉大。因此，在当前全球经济一体化的背景下，如何发挥好东部地区优势是一个亟待解决的问题。

其次，东部以国外市场为主，这样可以实现有效地配置资源，利用国外资源来推动我国东部地区的经济发展。但是，这条道路一旦成型，那么势必与国内市场渐行渐远。东部的开发，在较大程度上拉动了与海外有关的市场扩张，而非在中西部地区开发或扩大有关市场。因此，在现阶段我国的产业结构中，仍然存在着大量的产业转移现象，即产业向沿海地区聚集的趋势越来越明显。但是由于各地之间的制度差异，导致这些产业转移并未产生显著的规模效应。2008年金融危机爆发后，深刻地影响着中国区域经济的空间格局。在此背景下，东部地区的经济增长速度明显下降。金融危机发生后，以国外市场为主的东部地区经济发展遭受重创，劳动力和其他生产要素的成本日益增加，东部地区的制造业企业承受着越来越大的压力。东部沿海地区的外向型经济开始出现萎缩现象，一些地方政府纷纷把目光投向西部地区，希望借助西部大开发来拉动东部地区经济快速增长。

最后，想要走出困境就必须使其产业结构优化升级，而要实现产业结构优化升级，就要求已经失去发展优势的行业向中西部转移。因此，为了保持东部地区经济持续稳定增长，必须将这些已经处于劣势地位的产业重新布局到中西部地区。虽然中西部地区的物产丰富，劳动力资源充足，却长期没有足够资金、先进的生产要素，如技术和知识，这也正给我国东部优势丧失的行业带来了一个全新的生产区位。目前，东部地区已经有相当部分企业通过对外直接投资或设立海外公司来寻求更多的外部资金支持，从而带动其产业转型和结构调整。为实现这一目标，中央政府自 2009 年以来对各地区提交的各类经济区发展规划进行了高密度审批，并多措并举，推动东部地区工业向中西部地区发展。这些政策不仅促进了东部地区经济快速增长，而且对西部地区也产生了巨大影响。另外，区域发展战略思想中也包含对区际分工和协作问题的考虑。其开发模式重视特定的功能作用，这种功能作用紧密联系着该地区具有比较优势的分工的专业化。以上所述表明我国内部经济活动的空间已经从分割走向了统一，在从空间分割走向空间统一的实践中，不但我国内部经济活动空间逐渐扩大，而且对国内经济地理进行了重塑。

二、集群理论

在经济全球化不断发展、全球知识经济逐步深化的背景下，以成本最小化为核心的传统产业竞争方式正经历着一场深刻变革。传统的企业竞争已从价格竞争转向质量竞争和服务竞争。产品竞争的策略向产品差异化、地域集中化策略转变。这一转变特别是在高新技术方面更加明显。在广大发展中国家中，地域集中化与产品差异化等策略在传统产业突显出来，尤其是在劳动密集型产品生产方面。因此，研究产业集聚对我国产业结构调整和升级的影响就显得非常必要了。根据经济学中产品成本最低化假定，当今时代，随着经济全球化的发展，经济自由化力度越来越大，正常情况下产业分布态势应呈现出全球范围内的均衡性。由于在落后地区进行产业布局是有生产力、地租和其他生产要素成本较低等优点的，这就使许多发达国家和一些新兴工业化国家纷纷将其产业转移过来。但是从实际情况来看，出现了产业集群现象，也就是竞争优势行业呈现行业发展集聚态势。其典型特点是，同一行业和相关行业中的企业和支撑机构，在地域上集中地组成产业群。以意大利北部为例，在这里，皮革和服装产业聚集成群，随着欧洲各国经济全面下滑，该区域的工业却突飞猛进。类似的还有美国硅谷半导体与信息产业、中国沿海地区劳动密集型产业集群，例如温州制鞋业和上海纺织业等等。

"集群"原本的含义是同一种或类似的东西集中于某一处。"集群"作为经济学术语，于1974年正式被引进经济学领域，那个时候它的含义仅指"聚集"。随着研究的不断深入，人们发现集群不仅可以产生规模经济效益，而且还能够创造出新的就业机会，因此集群又成为一种新兴的发展模式而受到越来越多的关注。当前集群概念的确立是基于经济地理学学者在20世纪80年代对新产业区的讨论以及波特教授在20世纪90年代提出的产业集群。后来随着我国改革开放进程的不断深入，人们开始注意到产业集群与区域经济之间存在密切的联系。事实上，国外关于产业集聚与产业集群的概念基本上是一致的，并无重大差别。国内还有不少学者把产业聚集译作产业集聚，亦称产业群、地方生产系统、地方企业集群、专业化的产业区、地区集群等。因此，我们可以说它们都是产业地理或经济学中的一个重要术语。但绝大部分学者仍把它译作产业集群，并且得出了产业集聚与产业集群之间具有明显区别的结论。所谓产业集聚，就是产业集中于同一空间分布的一种现象，属经济地理学的研究内容之一，主要研究了产业在空间上由分散向集中转化的过程，以及推动其集中发展的机制。产业集群则是指某一特定领域内大量相关或相近行业企业以及由此构成的群体所组成的一种具有一定结构与功能的组织形式和竞争优势来源。产业集群则强调更为集中的各产业间错综复杂、密切关联的关系。产业间若没有密切关联，仅表现为集中，是不能被称作产业集群的。实际上，产业集群就是产业间关系网络中企业间相互作用、相互关联、相互影响以及相互竞争所产生的结果。所以产业集聚仅仅是产业集群产生的必要条件，并非充分条件。

实际上，产业集群是由大量的不同类型和不同层次的企业所组成的一种网络组织形式。就"集群"这一概念而言，在各类文献中，有不少类似乃至有较大差异的定义。一个产业集群就是一个地区的集群，各成员企业之间的密切联系不只体现在相关支持性行业与组织，更多体现在因关联性较强而具有较强竞争力的相关支持性机构。从广义来看，集群也包括其他类型的经济组织，如跨国公司、中介组织等。所谓集群，就是在一定的范围内，相互关联的企业及有关机构基于共同性与互补性所组成的、在地域上高度集中的团体。集群一般被认为是一种经济现象。以上所述关于集群的界定，其共同之处在于均强调集群在局部上集聚这一特性。从理论上讲，产业集群是一种经济现象，但是它也是一个历史过程，并随着社会经济发展而不断演化。现代意义的产业集群一开始源于"第三意大利"的成功案例，意大利研究人员使用产业区概念描述了该地区小企业的聚集特点，这一概念在马歇尔的《经济学原理》中也有提到。

追本溯源，"产业集群"这一概念，于1990年首先由美国波特教授提出。他在其《国家竞争优势》①中正式引入"产业集群"这一概念，他把产业集群看作地理上接近的相互关联的组织集合，它们在同一或有关的具体产业领域内，由于存在着共性或互补性，它们之间是相互关联的。传统的企业竞争已从价格竞争转向质量竞争和服务竞争。波特教授特别强调，产业的地理聚集导致生产力的提升与创新。在西方经济发展历史中，产业集群曾经发挥过重大作用。19世纪后期兴起的产业集群现象，主要表现为以自然资源共生为依托，以节省交通成本为目的的区位布局，而至20世纪后对于产业集群的理解，则主要建立在产业集群内部联系及其所产生的创新、学习等影响之上。因此产业集群理论也成为现代区域经济研究中的一个热点。虽然产业集群概念的产生并不是很久远，但它的思想渊源可追溯到古典经济学时期。

专业化分工理论以及绝对利益学说是古典政治经济学时期的学者斯密提出的。绝对利益就是对生产某种商品通过区位理论进行分析，但他的思想实质却是有关劳动分工的理论。亚当·斯密指出，"劳动生产力最大的增进，以及运用劳

---

① 迈克尔·波特（Michael E.Porter）；国家竞争优势［M］李明轩，邱如美，译. 北京：华夏出版社，2002：77.

动时所表现的更大的熟练技巧和判断力，似乎都是分工的结果。"① 随着分工范围的不断扩大，专业化程度不断提高，从而实现规模经济效益。专业化分工构成了规模报酬递增产生的根源，规模经济本质上就是专业化经济。分工能够促进社会生产力发展，分工扩大，不但能产生多种需求，还将推动内部分工向纵深发展。分工的深入会带来一系列新的技术进步和制度创新。由此，分工具有自我强化与强化的机制，也就是说，分工通常是由劳动分工决定的。专业化分工的程度决定着分工对产出增长作用的大小，也反映出一个国家或地区生产力水平高低以及技术进步状况。分工和专业化发展推动迂回生产方式产生，生产部门不断细化，从而使经济活动围绕某一行业或若干行业在空间上集聚起来。这种空间聚集又会推动分工不断向更高一级层次推进，并最终导致市场价格总水平的提高。李嘉图比较利益学说② 指出产品生产因地域差异而具有相对成本优势；马克思关于级差地租的理论③，也从土地的位置对生产成本的影响说明了生产地的区位对经济的作用。在现代经济学中，经济学家们对于不同类型地区之间经济联系的研究已经达到相当高的水平，但是关于产业集聚问题却鲜有论及。在这些古典经济学者们的著作中，都可以找到产业集聚思想的身影。

古典区位理论是产业集群理论的又一来源，古典区位理论奠基人杜能首先把空间因素带入经济学的研究视野，《孤立国同农业和国民经济的关系》是他的代表作，其中提出了因运输成本同生产地和市场的远近密切相关，按照市场与生产地之间的远近程度，所种产品类别将呈现圈层结构，由此，以调查事实为依据，建构农业区位论④。随着研究的不断深入，人们发现集群不仅可以产生规模经济效益，而且还能够创造出新的就业机会，因此集群又成为一种新兴的发展模式而受到越来越多的关注。后来韦伯于1909年发表《工业区位论》一书，强调运输费用对于集聚行为所产生的作用。此后，很多学者都把企业的聚集视为一种区域经济现象进行深入研究。

① 王亚南. 资产阶级古典政治经济学选辑 [M]. 北京：商务印书馆，1979：250.
② 韩经纶. 国际贸易基础理论与实务 [M]. 天津：南开大学出版社，2006：41.
③ 王天义.《资本论》学习纲要 修订版 [M]. 北京：中国经济出版社，2021：287.
④ 吴传清. 区域经济学原理 [M]. 武汉：武汉大学出版社，2008：35.

在产业集群理论中，产业区理论是直接起作用的。产业区理论除源于前述理论之外，马歇尔产业区理论是其比较直接的理论渊源，其为产业集群理论打下理念基础。产业集群理论自形成以来得到众多经济学家的重视与研究。马歇尔的《经济学原理》①，是从古典经济学观点出发，通过对工业组织的研究，揭示出企业为了寻求外部规模经济的集群现象。他将规模经济划分为两种类型：一种是同专业地区性集中有关的行业发展规模；另一种是与专业化分工有关的生产效率提高的程度，依赖于从事产业的个别企业及其资源。他认为，这两类都属于规模经济，并且把第一类叫作外部规模经济，将第二类叫作内部规模经济。他认为产业集聚就是通过对生产要素的优化配置使其产生最佳效益而形成的一种区域内的竞争优势。其中涉及的产业集群就是外部规模经济，马歇尔通过产业规模的扩张而导致知识量增长以及技术信息扩散，解释了产业集群现象。产业聚集就是产业组织中出现的一种特殊形式，它具有明显的市场效应，能使一些生产要素集中于某一特定地区或部门以获得更大效益。19世纪90年代，马歇尔提出"集聚"的概念，即空间外部性，他把产业的空间集聚也叫作"地方化"。产业集群的产生主要有两个方面原因，一是为了提高生产率，二是为了获得竞争优势，而这两者都要通过企业间交易才能实现。与此相应的马歇尔提出了著名产业在空间上聚集的三方面理由。首先，推动专业化投入与服务发展。其次是给有专业化技能的劳动者一个共享市场。降低交易成本、增加就业机会，从而提高整个社会的福利水平；再次是让企业受益于技术溢出。由此，马歇尔对产业集群企业外部规模经济问题的探讨，从企业降低成本，提高收益出发，探讨了因聚集而为地区企业创造的效益。在他看来，聚集所带来的学习与创新同样为提升企业收益提供了服务。另外，马歇尔为解决外部性问题，促进产业集群的形成与发展提出了一些政策建议。在其学说中，马歇尔并未考虑到地区内部企业发展以及地区之间企业迁入这一动态因素变化。

新经济地理学的崛起，对产业集群理论的形成与发展也产生了深远的影响。在该区域内形成的企业或地区聚集成为一种经济现象。空间因素虽然对经济发展

---

① 刘宪.资产泡沫的分类及其与经济增长之间的关系研究 [M].上海：上海社会科学院出版社，2009：74.

有很大影响，但长期不被主流经济学家所重视。

1. 出台农村经济发展相关政策

陆续出台扶持农村企业发展及产业结构调整的利好政策，以推动乡村振兴战略的实施，促进农村区域经济协调发展，具体政策制定要结合地方经济、社会、人文环境，以保证政策的落实。一是农村基础设施建设和管理的相关政策，划拨充足资金用于完善和更新农村地区公共基础设施，监督资金使用情况，坚决不允许任何组织和群体将资金挪用和占用，对于这类行为严惩不贷；定期对基础设施进行检查和维护，发挥设施服务功能，延长其使用寿命，切实改善农村地区生产生活环境。二是人才引进和培养政策，为到农村就业创业的大学生提供经济资助，为那些对农村发展作出贡献的人才解决实际问题，真正留住人才，防止人才流失；基层政府工作人员定期到农村进行政策宣传，对农村群众进行技术培训，为他们答疑解惑，拉近基层政府与农村群众的距离，提高农村群众的文化素质。三是扶持农业企业转型的经济政策，将那些正在实施工业化、规模化生产的企业树立为业内标杆，鼓励其他企业积极学习先进生产技术和经营管理思想，有助于其他农业企业找到正确发展方向，共同推进农村区域经济协调发展。

2. 完善农村产业结构体系

国家在有关文件中明确指出，农村区域经济协调发展的核心要素是农业产业化，为此要构建完善的产业结构体系，积极调动各类农业生产要素，运用多种经营方式，推动农业产业结构朝着规模化、现代化发展。首先，要重点扶持龙头企业，加强信息化技术的应用，在农产品生产、加工、销售中实施全过程管控，确保质量问题能够追根溯源，表现企业对食品安全问题的高度重视，消除消费者的后顾之忧，依托龙头企业以点带面，激发农业企业和农民的种植能动性，用优质产品和服务赢得消费者青睐。其次，要注重对农产品的深度加工，开发更多品类的产品，提升农产品附加价值，创建知名品牌，给农产品制定更高价格，相信会有不少消费者愿意为品牌产品买单，当地特色农产品会在市场上占据较大份额。最后，在选择农业产业经营模式时要结合农村地区的实际情况，龙头企业、农业合作社、农业协会都可以作为带动农业产业规模化发展的组织机构，下面以农业产业化经营协会联结型为例加以论述。

农户、协会和龙头企业共同组成了协会联结型经营发展模式，主要是为了提升农户地位，让农户成为龙头企业的大客户，能够拥有更多话语权，农户利益将得到有力维护，会对农业生产表现出更高热情。由农场牵头组建农业协会，向农户递出橄榄枝，有意向的农户自愿加入农业协会，协会将为广大会员提供信息咨询、技术指导、产品销售等服务，促进新技术、新设备在农业生产中推广，会员也要监督农业协会的各项工作，提出改进建议，维持农业产业化经营链条的正常运转。农业协会对龙头企业会起到制衡作用，将基地农户的心声反馈给龙头企业，成为二者之间的沟通纽带，化解农户和龙头企业的矛盾，使二者的关系更加和谐。还能节约龙头企业的时间和成本，使其可以将更多时间和资源投入到技术改革和产品创新中，降低农户生产投入，增加农户经济收入，符合各方利益需求，有利于农村区域经济协调健康发展。

3. 建立生产要素流动机制

加速不同地区生产要素的流动，打破地区之间信息和资源的壁垒，促使农村地区第一时间接收先进思想和生产技术，弱化城乡边界，促进农村区域经济协调发展。乡村振兴战略的实施背景下，建立生产要素流动机制，派遣不怕苦、不怕累的技术骨干到农村地区宣传新型生产技术，展示先进技术和设备的应用优势，扭转农民的生产理念，实现农业生产自动化和机械化，为农业生产现代化、规模化、产业化发展贡献力量。打破行政区域的限制，让部分生产经营技术走在前列的村镇集体到大江南北进行技术和产品的宣传，开拓新的市场，加强品牌建设，扩大产品知名度，以此获得更多品牌溢价。针对不同农村地区的实际情况进行总体规划，本着区域经济协调发展的原则，挖掘农村地区优势资源，让其他地区看到农村经济广阔的发展前景，吸引外地投资商前来投资，唤醒农村地区的潜能，将资源进行整合，大力实施生产技术的创新，购置现代化农业机械，大幅提高农业生产效率，展现地方特色农产品的价值，打开农产品销量，助力农村经济的腾飞。

第二节 产业经济视角

一、农业多功能性理论

众所周知，农业具有较强的公共产品属性和外部经济性。农业多功能性的提出就是源自对其外部经济性的探讨。20 世纪 80 年代末，日本在其推出的"稻米文化"中最早提及农业多功能性理论，随后在世界范围内得到较为普遍的认同；1992 年的联合国环境与发展大会和 1996 年的世界粮食首脑会议出台的相关国际文件，均对农业多功能性理论予以肯定；在 20 世纪 90 年代末，欧盟提出的"欧盟农业模式"也是以此为核心理论基础。该理论认为，农业在国民经济发展中的地位和作用随着国家生产力的提升而不断变化，农业的功能也不断拓展。[①] 农业经济阶段，农业的主要功能是提供充足的农产品以满足生存需要；工业经济阶段，主要体现保障食品安全、供给工业原材料、提供剩余劳动力、保护环境等功能；后工业经济阶段，则在之前的基础上，更加强调发挥农业生产活动在文化传承、生态环境保护和利用、康养旅游等服务方面的功能。

农业多功能性理论重点探讨了不同发展阶段下农业的定位和功能价值，为农业支持保护政策、农村发展政策、农产品贸易政策等的制定提供了理论支撑。当前，我国农业综合生产力迈上了新的台阶，国内经济已从高速增长步入高质量发展阶段。在农业基础性地位不变的大前提下，为满足人民对高品质生活的需求，促进农民持续增收、农村繁荣发展，我国农业功能逐步向生态、文化、旅游等领域拓展，农业也开始从产品经济向服务经济转变。因此，更需要进一步丰富农业多功能性理论，并从理论中挖掘功能拓展方向、发挥路径、制度保障等方面的有益启示。

二、六次产业理论

现阶段，"三农"问题十分突出，想要破解新时代中国"三农"难题，必须实施乡村振兴战略。总的战略方针是坚持优先发展农业农村，本着生态宜居、产

---

① 梁世夫，姚惊波. 农业多功能性理论与我国农业补贴政策的改进 [J]. 调研世界，2008（4）：7-19.

业兴旺、乡风文明的原则，实现治理有效、生活宽裕的总体目标，加快推进农业农村现代化。落实乡村振兴的需求之一就是产业兴旺，农村产业融合发展对产业兴旺具有重要意义。通过对国内外文献进行梳理发现，目前关于农村产业融合发展的研究较少，而且对于农村产业融合发展影响因素的探讨也较为匮乏。然而，农村产业融合发展不仅是乡村振兴重要路径，更是我国现代化农业发展的一项重要内容，是今后中国农村农业新产业、新业态的发展对象。当前我国正处于工业化中期阶段，如何促进农村产业结构转型升级，推进城乡一体化进程成为一个亟待解决的课题。各国纷纷寻求乡村振兴与产业融合之途径，这些国家中既有发展中国家，还包括发达国家。从国际上来看，产业融合是一种以市场需求为导向，将生产要素进行优化组合并通过有效配置形成规模效益的过程。其宗旨均是为了保障本国农业稳定有序地发展，避免了其他行业挤压农业。我国农村经济正处于快速转型期，传统的农业生产模式已经不能够满足现代农业的需要，必须寻求与现代农业产业结合的方式来推动农村产业融合发展，才能更好地促进社会主义新时代农村社会建设进程。在产业融合方面，有借鉴参考经验价值的是六次产业理论，其大大促进了中国农村产业融合发展的进程。六次产业理论作为一个旨在振兴农业发展的理念，出现于 20 世纪 90 年代，随着经济和社会的不断发展，对于六次产业理念，中国、日本和韩国都相继开展了的相关探讨和实践，六次产业理论在这个过程中不断丰富。

（一）六次产业理论的演进

1. 初步形成

1994 年，日本学者今村奈良臣首次提出"六次产业"概念，认为农业并非单指农村农产品的生产，还要与农产品的制造和加工以及运输、流通和销售等环节相结合，即第一产业要与第二、第三产业相关联，并呈现加法形态（1+2+3=6）。后来，今村奈良臣对该理论进行完善，认为产业之间的关系用乘法形态表示更加合理，即 $1 \times 2 \times 3 = 6$。[①] 虽然加法形态与乘法形态的最终结果相同，但其性质、模

---

① 今村奈良臣. 农业六次产业化的理论与实践：农业六次产业化的现在及未来 [J]. 技术与推广，2010（9）：19-22.

式及内涵有所区别。加法形态可以理解为产业之间的连接，是一种产业叠加的状态，更多体现在产业配合发展上。如农产品通过互联网可以拓宽销售渠道，使农产品有了新的供给方式，而且还可以提高农产品的出售价格，这是一个创新供给的过程。而乘法形态可以理解为产业之间的融合，继而产生新兴行业，若在产业链中有一个产业为零，则总效应也为零，更能体现出农业发展在产业融合发展中的基础性作用。对比来看，乘法形态比加法形态产生效果更强，更能体现产业之间的密切联系。从加法到乘法的转变，说明了农业这个基础产业的重要性，只有发展好农业，才能使农村的经济效应提高。

2. 发展和完善

近年来，产业融合已成为乡村振兴发展的热点主题，六次产业也为实现"产业兴旺"目标提供了全新的发展思路。随着我国学者对产业融合研究的不断深入，六次产业的相关理论日趋成熟。如六次产业划分理论，其划分的重要基础就是一、二、三产的融合，根据各产业不同的产业宗旨和劳动对象，将之前理论中缺少的第四产业和第五产业进行补充，形成新的六次产业理论，其产业具体划分为如下：第一产业没有改变，依旧是获取自然资源的产业；第二产业由原来的工业和制造业变为加工自然资源以及对加工过的产品进行再加工的产业；第三产业缩减为其他五大产业及社会生活提供服务的产业，其中原第二、第三产业中获取并利用信息和知识资源的产业成为第四产业；原第三产业中的获取并利用人力资源和新兴的文化产业（包括科学文化）资源成为第五产业；第六产业就是将传统农业向第二、三产业延伸形成的产业，是跨产业间融合系统经营形成的综合产业[1]。

3. 实践应用及不足

针对区域内产业发展模式的规划，我国的一些地方政府在此产业理论的指导下，积极探索，在实践中贯彻六次产业这一理念。以农业产业为代表的六大产业群已成为区域经济新引擎。以山东省为例，明确了开发目标——农业"新六产"，有力地促进了产业链纵向整合与横向延伸，开辟并延伸产业链条，健全利益联结

---

① 程郁. 日本发展"六次产业"的主要做法与启示［J］. 中国产业经济动态，2015（18）：13-18.

体制，发展的红利要惠及农民。再以陕西省为例，借助农产品这一特色产业优势，大力发展农产品深度加工，同时推进农企对接，加速产销融合。再如四川省启动了乡村旅游富民工程，为了发展特色产品，以创建精品景区为重心，重视行业多元化开发。

目前，六次产业理论在实践层面有所建树。但从总体上来看，我国农村产业融合发展还比较缓慢，存在着诸多因素，不利于产业融合的发展。原因有以下几个方面。首先是中国农村发展的起点太低，多方面没有达到产业融合所需要的基础条件。这就导致农业生产要素配置效率低、产业结构不合理等一系列问题。其次，六产业理论自身也在不断丰富完善，对于发展过程中存在的问题，很难有先例可循，所以没有确切的解决方法。同时由于六次产业理论本身还存在一些缺陷，所以需要进一步完善。另外，六次产业理论研究还不够深入。目前学术界对六次产业理论的关注度还很低，没有形成完整系统的研究成果。尽管近年来学界对六次产业理论发展给予了较大重视，但是纵观有关文献，有关六次产业研究方面的文章不多，研究范围狭窄，研究也缺乏深度。

（二）六次产业理论对我国农村发展的启示

中国农村在实施乡村振兴战略这一宏伟规划中，其产业融合发展已初见成效。当前，随着社会不断向前发展，农业农村经济发展也进入到一个崭新阶段，呈现出诸多特点和趋势。新时期农村经济面临着很好的发展契机，但是，其发展还存在着很多问题。尤其是对于欠发达地区而言，由于受到地理条件和经济基础等因素影响，其农业生产水平较低，无法实现产业结构转型升级。因此，有必要根据农村的发展状况进行整体的分析，针对不同地区的特征，在六次产业的理论指导下，为发展过程中出现的问题找到好的解决办法。

1. 农村产业融合的现状和机遇

（1）农村产业融合的现状

针对农村产业融合发展的进程，全国上下以乡村振兴战略为号召，都在主动探索、积极推动。从融合主体和融合业态等方面入手，着重于突破融合模式与融合机制，最终取得的效果显著。目前，我国已初步建成以政府为主导、市场为基础、社会力量广泛参与的多元供给格局，推动了农业产业结构调整和优化升级。统计显示，截止到 2019 年上半年，累计达到 350 万个各类产业融合主体，其中包含 8.7 万家农业产业化龙头企业，7.9 万个规模以上农产品加工企业，形成良好的发展局面。与此同时，农业与二三产深度融合也成为我国"三农"领域改革和创新的重要抓手，为推动农村一二三产等多种所有制经济共同发展提供了新思路。这表明产业融合正在推动农民不断增加收入，农业整体竞争力也在不断提高，更多经济发展新动能得到了挖掘。

（2）农村产业融合的机遇

我国进入新时代之后，重新确立了总体要求：基于农业，惠于农村，利于农民。把农业摆在优先发展的战略地位，促进中国农村产业融合发展。目前，我国已初步建成多元供给格局，其中政府居于主导地位，市场发挥基础作用，社会力量广泛参与，共同推动农业产业结构调整和优化升级。第一，目前各项改革政策在中国农村得到了初步落实，为农业和农村经济的发展注入生命力。农村土地承包开始进行确权工作。同时改革了农村集体产业制度，农村产业联合体也得到了发展。这些在某种程度上，有效促进了农村产业融合发展。第二，我国农村产业结构不断优化升级，促进了农村生产要素合理配置和有效利用。党的十九大指出，我国社会主要矛盾发生了转变，而我国乡村中最突出的问题是发展不充分、不均衡、城乡贫富差距大。当前我国处于全面建成小康社会决胜阶段，积极实施乡村振兴战略，应该开拓思维，采取一系列有效措施将我国农村人口基数大这一种发展劣势转化成发展优势，充分利用农村充足的人才资源和劳动力。我国农业产业需求量大，再加上国家对于农村的扶持。我国农村在今后会有一个好的环境，我们要抓住农村的发展机遇，使农业发展趋向现代化。

2. 农村产业融合中存在的问题

（1）相关法律政策尚未完善

我国农村产业融合发展处于起步期，总体上还处在探索阶段，相关法律政策尚不完善，需要对其他国家产业融合的法律政策进行借鉴。虽然不同国家制定的法律政策有所不同，但也不难发现其中的共同点。各国制定的产业融合的法律政策都是细化且具有针对性，包括农产品从生产、加工到消费的全过程，甚至还包括农产品的对外贸易，最终目的是推动农业发展、增强农村活力、维护农业生产者利益和保障农民收入。此外，各国的细化政策还包括运输消费、计划目标、发展补助等多个方面，可见六次产业的发展是各国国家战略上的部署，其政策法规日益受到重视。我国实行乡村振兴战略促进产业融合发展应当借鉴六次产业的理论经验，对于产业融合中相关法律政策也应尽快完善。

（2）产业融合创新能力不足

创新是产业融合的基础，创新能力直接关系到产业竞争力。如果创新能力不足，那么产业融合将无法形成较强的竞争力。根据六次产业理论的经验可以发现，在产业融合发展中，技术创新有着举足轻重的作用。以前，我国农业发展还比较落后，主要是粗放型和资源消耗型的发展方式，其特点是成本高、效率低、环境破坏严重。虽然近几年新兴的产业融合发展模式极大地改善了原来的情况，但是仍然存在创新能力不足、创新机制欠缺、科学技术与产业融合不匹配等现象。因此，如何将科技创新成果转化为社会生产力，并利用产业需求牵引科技创新是我国农村产业融合亟待解决的问题。

（3）发展呈现千村一面现象

我国农村产业融合的发展起步晚，现今仍然处于边尝试边发展的状态。而我国农村基础条件决定了绝大部分地区不敢冒险尝试"摸着石头过河"的发展，因为这种发展模式具有不稳定性，农民难以承受失败带来的不良后果。因此，当少数村子成功地完成产业融合发展后，其他村子会争先效仿，对发展比较成功的村庄经验直接运用，不做任何修改，从而导致千村一面的现象。从六次产业理论角度来看，如果产业融合的可替代性强，那么很容易出现同质化现象，陷入同行同业互相竞争的困境。我国地域广，不同地区的客观条件大不相同，自然环境、气候、经济状况和生活习惯等问题都是制约自身经济发展的重要因素，如果只注重形式，把农村产业发展理解为"包装"，忽视当地的实际情况，其发展必然会失败。六次产业理论认为解决同质化问题要实行差异化发展，在制定发展规划时突出特色，减少同业竞争的可能性，我国农业产业融合应当因人、因地、因时发展，根据实际情况打造适合该地区的发展模式。

（4）农业发展基础较为薄弱

自中华人民共和国成立以来，我国用几十年走完了西方发达国家几百年的发展之路，虽然发展迅速，但也给城乡之间的生存与发展环境造成了巨大落差与不平衡，主要体现在农业发展基础、经营主体和财政支持等方面。这些问题不仅是我国农业发展要解决的问题，也是世界各国共同面对的难题。因此我们应当借鉴其他国家处理农业发展问题的经验方法。通过借鉴日本、美国和韩国等国农业发展，我国农村产业融合还需在基础设施、经营主体、农村金融多方面上下功夫。

第一，是农业发展基础。主要体现在基础设施相对薄弱，我国农村教育和医疗等相关资源的分配不均衡，严重影响了农民的生产生活。城乡资源难以合理流动，城乡生产要素交换不平等，城乡基本公共服务设施不均等，城乡差距不断拉大，不利于农村产业融合发展。

第二，农村经营主体。在农业产业融合发展中，人才是关键。我国农村急需有知识、有文化、懂技术的新型农业主体。我国农村劳动力受教育程度还比较低，和一些发达国家之间仍存在巨大差距，远远没有达到六次产业理论对农业经营主体的教育程度要求。

第三，农村金融问题。产业融合发展离不开广大农民的参与，而参与农业产业融合需要购买相应的材料和设备，因此需要资金支持。我国农村金融发展程度低，存在着金融网点不足、借贷门槛高、信用环境差的问题，这不仅影响了农村现在的发展，还会阻碍农村未来的发展。我国农村发展中基础设施、经营主体和农村金融问题无疑增加了乡村振兴和农村产业融合的难度，想要解决这些难题，就需要抓重点、补短板、强弱项，加大产业融合发展的要素供给。

第三节　组织制度视角

一、合作经济理论

合作经济不同于经济合作，后者是以物质利益内容为主的合作，既包括经济组织内部的合作，也包括超过组织界限的以实现经济利益为目的的社会合作。前者则是以后者为基础，在 19 世纪初的西欧逐渐兴起、为改变生产生活条件而联合建立的一种经济组织。合作经济理论是以罗虚代尔公平先锋社（The Rochdale Equitable Pioneers Society）的合作经济组织原则为基础发展起来的。1934 年，国际合作社联盟正式将合作社原则归纳为七条，称之为"罗虚代尔原则"[①]：一是入社自由。二是民主管理（一人一票）。三是按交易额分配盈余。四是限制股本利息。五是政治和宗教信仰中立。六是实行现金交易。七是促进社员教育。随着经济社会发展，合作社原则不断调整和完善，但"自由联合、民主管理、平等公平、团结互助"仍然是其核心价值。

　　一般认为，西方合作经济组织理论发展大致分成四个阶段：第一阶段是 20 世纪 40 年代，以空想社会主义为主的早期经济合作思想。第二阶段是 20 世纪 40—80 年代，运用新古典经济学的均衡分析方法和边际分析方法，重点研究农业合作社的发展模式、内部资源配置以及产权控制问题。第三阶段是 20 世纪 80—90 年代，运用博弈论、企业行为理论、交易成本理论等新的经济理论方法，重点研究合作社的发展动因、发展战略、制度变迁等问题。第四阶段是 20 世纪 90 年代以来，引入产权安排、代理成本、契约理论等新制度经济学的理论方法，着力于合作经济组织的生产消费、组织联盟、治理结构、可持续发展等问题研究。

　　反观国内，合作经济组织越来越聚焦于农业农村领域。20 世纪初北京大学消费合作社的成立开启了我国合作经济理论研究。毛泽东、邓子恢等中共领导人在领导早期农民运动时，也引入了合作经济思想，从而为中华人民共和国成立之后的农业合作化运动奠定了理论和实践的双重基础。改革开放以来，学者在合作经济领域的研究仍然以农村合作经济组织及制度变迁为主。尤其是 2007 年《农民专业合作社法》的颁布，加快了基层农业合作经济组织的发展探索，也催生了一批农业合作经济研究成果。国内外关于合作经济组织的理论均为当前乡村振兴背景下新型农村合作经济组织的发展提供了理论支撑和有益启示。

---

① 俞家宝.农村合作经济学 [M].北京：北京农业大学出版社，1994：28.

二、产权制度理论

产权制度理论是 20 世纪 30 年代以来，以科斯（Ronald H.Coase）为代表的西方经济学者在对正统微观经济学和标准福利经济学的根本缺陷进行思考和批判的过程中形成的。交易费用理论、科斯定理是现代西方产权理论的基础。科斯指出，市场交易需要花费大量成本，在交易成本为正的情况下，不同的产权界定会带来不同的资源配置的效率。[①] 作为产权理论创始人的科斯没有明确定义过产权，后来学者作出了相应补充。阿尔钦（Armen Albert Alchian）指出，产权是一个社会所强制实施的选择一种经济品的使用的权利。[②] 产权具有排他性、分割性、外部性。[③] 现代产权理论认为外部性的产生是由于私人成本与社会成本的不相等，即社会成本大于私人成本，从而导致了社会福利的损失或低效。因此通过界定、安排产权结构，降低或消除市场机制运行的社会费用，可以提高社会运行效率，促进经济增长。[④]

农业生产以农地为核心资源，农村集体经济以农地为核心资产。农地产权制度安排不仅关系到农村经济效率，还关系到生态环境保护，更关系到城乡居民生计和国家安全。改革开放以来，我国农村经济结构和社会结构发生了深刻变化，以农地为核心的农村集体资产产权的归属不清、权责不明、保护不力等问题日益突出，农村集体产权制度改革如箭在弦上不得不发。但此项改革牵一发而动全身，如何兼顾经济发展效率和集体成员权益，兼顾经济社会发展和生态环境保护，充分完善以承包地、宅基地、农房设施为主的各项农村集体产权权能，有赖于吸收和发展产权制度理论，进一步加快实践探索。

---

① 刘凡，刘允斌. 产权经济学 [M]. 武汉：湖北人民出版社，2002：88.

② R. 科斯，A. 阿尔钦，D. 诺斯，等. 财产权利与制度变迁 产权学派与新制度学派译文集［M］. 上海：三联书店上海分店，1991：166.

③ 范静. 农村合作金融产权制度创新研究 以农村信用社为例 [M]. 北京：中国农业出版社，2006：24.

④ 钟运动，宋丽丽，胡海波. 公司组织与管理 [M]. 厦门：厦门大学出版社，2011：73.

三、交易费用理论

"交易费用"这一概念由科斯（Ronald H.Coase）于 1937 年在其《企业的性质》一文中首次提出，后经阿罗（Kenneth J.Arrow）明确定义、威廉姆森（Oliver Williamson）系统研究，逐步形成交易费用理论，并成为产权制度理论乃至新制度经济学大厦的核心基石。[1] 交易费用理论研究发现，企业的成本包括生产成本、管理成本和交易成本，前两者产生于企业内部，交易成本存在于企业外部，来源于信息的搜寻、发布、讨价还价、谈判、签约、监督、合约执行和违约等环节。这就是狭义的交易成本的概念。而广义的交易成本则是指生产成本以外的所有成本，连管理成本也包含在内。该理论还认为，企业和市场是两种可以相互替代的资源配置机制，即可以通过扩大或者缩小经济组织边界从而节约交易费用（内化或外化成本）。而从另一个角度来看，不同的交易费用会以不同的方式与组织制度相互匹配，即采用不同的组织制度会产生不同的交易费用。

交易费用在农业生产发展的各个方面都扮演着守门员的角色。近年来，越来越多的学者开始关注交易费用对农业生产经营的影响，并寻求最优的组织制度安排。有学者认为小农户与大市场衔接的主要矛盾在于高昂的交易费用，并将农户经营市场的交易费用分为策划市场、执行市场和监督市场三类[2]。也有学者对三类新型农业经营主体——家庭农场、合作社、龙头企业的交易费用进行了详细比较，得出的结论是，家庭农场相较于传统小农户，外生交易费用较低，相较于合作社和龙头企业，内生交易费用（管理成本）较低[3]。由于组织结构简单、开展规模化经营、剩余索取权明确，家庭农场的综合交易费用相对最低，是普遍适合我国当前国情的较优的农业组织制度安排。

---

① 弓宪文. 物流业与制造业的产业融合及协调发展 [M]. 北京：光明日报出版社，2021：33.

② 何坪华，杨名远. 农户经营市场交易成本构成与现状的实证分析 [J]. 中国农村经济，1999（6）：40-44.

③ 刘丽，吕杰. 新型农业经营主体的制度比较：基于交易费用理论 [J]. 改革与战略，2015，31（10）：97-100.

第四节　生态环境视角

一、可持续发展理论

1962 年，美国女生物学家卡逊（Rachel Carson）出版了一部环境科普著作《寂静的春天》，书中描述了农药污染所带来的可怕景象，惊呼人们将会失去"阳光明媚的春天"。该书在世界范围内引发了人类关于"高消耗、高污染、高排放"的发展模式的反思和争论。1987 年，联合国世界与环境发展委员会发表了一份报告《我们共同的未来》，正式提出可持续发展概念，即可持续发展是既满足当代人的需要，又不对后代满足其需要的能力构成危害的发展，并以此为主题对人类共同关心的环境与发展问题进行了全面论述。在 1992 年巴西召开的联合国环境与发展大会上，可持续发展理念得到与会者的共识与承认，并逐渐形成了可持续发展理论。一般认为，可持续发展内涵主要包含三个方面：人类向自然的索取能够同人类向自然的回馈相平衡；人类对于当代的努力能够同对后代的贡献相平衡；人类为本区域发展的思考能够同时考虑到其他区域乃至全球利益[①]。

按照可持续发展理论，农业可持续发展内涵则至少包括：人类对农业生产的投入和从中获取的产出能够达到平衡；农事活动中对自然资源和生态环境的开发利用不影响后代生存需求；人类对本区域自然资源和生态环境的利用不影响其他区域的相关利益。简言之，农业可持续发展要做到"三不"——不破坏自然生态，不祸及子孙后代，不影响周边利益。在此要求下，要努力确保农业农村污染在生态系统的自然消纳程度以内，自然资源数量和质量与可预见的人口、技术、制度等相适应，且能够抵抗意外风险。

二、循环经济理论

（一）循环经济理论概述

循环经济本质上是一种生态经济。它是在可持续发展的思想指导下，运用生

---

① 牛文元. 可持续发展理论的内涵认知——纪念联合国里约环发大会 20 周年 [J], 中国人口·资源与环境，2012, 2（5）：9-14.

态学规律而不是机械论规律指导人类利用自然资源和环境容量的一种理论。农业循环经济，是指按照自然生态系统物质循环和能量流动规律重构农业系统，把农业清洁生产、资源及其废弃物综合利用等融为一体，使农业生产系统和谐地纳入到自然生态系统的循环过程中的一种理论。农业循环经济的主要特征表现为多种产业的组合性、资源利用的立体复合性、废弃物循环的生态性、技术体系的复杂性及经济运行的社会性。

传统经济是一种由"资源—产品—污染排放"单向流动的线性经济，其特征是高开采、低利用、高排放。在这种经济中，人们高强度地把地球上的物质和能源提取出来，然后又把污染和废物大量地排放到水系、空气和土壤中，对资源的利用是粗放的和一次性的，通过把资源持续不断地变成为废物来实现经济的数量型增长。与此不同，循环经济倡导的是一种与环境和谐的经济发展模式。它要求把经济活动组织一个"资源—产品—再生资源—再生产品"的反馈式流程，其特征是低开采、高利用、低排放。所有的物质和能源要能在这个不断进行的经济循环中得到合理和持久的利用，将经济活动对自然环境的影响降低到尽可能小的程度。农业循环经济倡导的是一种与环境相和谐的农业发展模式，其根本目的是保护日益稀缺的环境资源，提高环境资源的利用效率。循环经济为工业化以来的传统经济转向可持续发展的经济提供了战略性的理论范式，从而从根本上缓解长期以来环境与发展之间的尖锐冲突，并为农业可持续发展提供了战略性的理论范式，能够从根本上消除长期以来环境与发展之间的尖锐冲突，是现代农业发展的趋势。

（二）基于循环经济的农村环境污染治理原则

循环经济是物质闭环型经济的简称，其本质是生态经济。循环经济的主要原则包括：资源利用的减量化（Reduce）原则。即在投入端实施资源利用的减量化，主要是通过综合利用和循环使用，尽可能节约自然资源。产品生产的再使用（Reuse）原则。强调在保证服务的前提下，产品在尽可能多的场合下，用尽可能长的时间而不废弃。废弃物的再循环（Recycle）原则。指在材料选取、产品设计、工艺流程、产品使用到废弃物处理的全过程，实行清洁生产，最大限度地减少废弃物的排放，力争做到排放的无毒化和资源化，实现再循环。再思考（Rethink）原则。即不断深入思考在经济运行中如何系统地避免和减少废物，最大限度地提高资源生产率，实现污染物排放最小化、废弃物循环利用最大化。归结起来，循环经济的理念是要求实现资源的最优利用。

要运用循环经济理论指导我国农村环境治理工作，必须贯彻循环经济的主要原则。减量化原则（Reduce）。该原则要求以最少的资源投入，在尽量减少环境承载能力的前提下，实现农村经济社会的发展。换言之，就是以最小的代价实现农村经济、社会、环境和谐发展的目标。再使用原则（Reuse）。该原则要求在农村环境污染治理过程中，最大限度利用农村环境污染处理设施，提高环境污染设施的使用效率，同时最大限度重复利用农村生活生产资源，使得既有的资源发挥最大的效益。如塑料袋的重复使用、增加环境污染处理设施使用次数和使用寿命等。再循环原则（Recycle）。该原则要求在治理农村环境污染过程中，力争通过采用最新的技术、最先进的制度、最科学的措施实现资源的循环使用，做到变废为宝。如很多地方通过建立沼气，实现农村垃圾的资源化利用。再思考原则（Rethink）。该原则要求，要及时根据社会经济环境的变化，以及人们对于新的生产生活方式的要求，不断思考，通过技术创新、制度创新的方式改变现行的生产生活方式，及时调整战略，提高农村环境污染治理质量。改革开放以来，我国的经济发展取得了举世瞩目的成就。但不可否认的是，我国的环境污染问题也日益严重，这已经成为影响我国经济进一步快速健康发展的制约因素，现在中央提出的社会主义新农村建设面临的一个重要的制约因素也是农村环境污染问题。因此，必须根据当今社会资源、环境因素对于经济发展的制约作用越来越大的实际情况，及时调整战略，不断创新农村环境污染治理方式，提高农村环境污染治理质量。

（三）基于循环经济的农村环境污染治理层次分析

根据循环经济的理论，农村环境污染治理过程可分为 3 个层次展开，分别为微观层次、中观层次和宏观层次。

1. 微观层次

微观层次是立足于以村组和农户的环境污染治理过程。应做到：在村组和农户范围内，通过采用先进的技术，按照循环经济的减量化原则，减少生活垃圾的产生，增加灌溉质量，减少化肥、农药、塑料薄膜的使用，从而达到减少垃圾排放、实现资源有效利用的目的；农村居民要养成良好的生产生活习惯，减少垃圾的产生和垃圾的随处排放，如家庭养殖业的粪便集中收集、家庭生活垃圾的集中堆放等。

2. 中观层次

中观层次是立足于一个区域范围内的农村环境污染治理过程。这就要求跳出农村村组的范围，以区域为单位，实现区域内城乡之间发展的互动协调，按照再循环原则，通过采用城乡一体化的方式，达到治理农村环境污染的目的。可以以县为单位，通过制定城乡统一的经济发展规划和环境保护规划，增加对于农村环境污染治理的资金投入等方式，达到治理农村环境污染，提高农村环境质量的目的。

3. 宏观层次

宏观层次是立足于整个社会的环境问题治理过程。农村环境是整个社会环境的一部分，治理农村环境必须在整个社会环境问题治理的框架内进行，才能取得理想的效果。国家已经制定并施行了《中华人民共和国循环经济促进法》，对于我国实行循环经济，治理环境污染问题进行了法律层面的指导和约束。农村环境治理应在该法律的框架下，根据循环经济的再思考原则，不断探索适合我国城乡一体化环境质量控制的方式，从而采取正确的措施，达到全国经济社会和环境协调发展的目的。

（四）基于循环经济的农村环境污染治理措施

1. 建立科学的环境污染治理规划

当前我国已制定了一些实施环境保护的规划，这些规划是宏观的，是与我国城乡发展不平衡、区域发展不平衡的国情相一致的。但由于各地经济、资源、环境状况不同，需要根据当地具体情况，从全局高度出发，制定出适合于当地具体情况的环境保护规划。作者认为，应由省级人民政府统一制定全省范围内的城乡一体、区域协调的环境保护计划，这种环境保护计划应该与省经济发展规划相互衔接。在经济发展计划中应该充分考虑到资源和环境的约束状况，做到经济发展与环境、资源的协调统一。同时，规划应具有前瞻性和可操作性。

2. 制定农村环境保护相关的法律法规

发达国家对于农村环境保护有较为详细的法律法规。例如，美国为便于管理，政府通过立法将养殖业划分为点源性污染和非点源性污染进行分类管理，专门设有非点源性污染的管理部门，点源性污染的防治是经过收集和处理技术使污染物达到国家污染物排放许可。美国将工厂化养殖业与工业和城市设施一样视为点源性污染，排放必须达到国家污染减排系统许可，明确规定超过一定规模的畜禽养殖场建场必须报批，获得环境许可，并严格执行国家环境政策法案。美国的非点源性污染主要是通过采取国家、州和民间社团制定的污染防治计划、示范项目、推广良好的生产实践、生产者的教育和培训等综合措施科学合理地利用养殖业废弃物。此外，美国 1987 年修改的水法还对非点源性污染进行了规定，制定了非点源性污染防治规划。

20 世纪 90 年代，欧盟各成员国通过了新的环境法，规定了每公顷动物单位（载畜量）标准、畜禽粪便废水用于农用的限量标准和动物福利（圈养家畜和家禽密度标准），禁止进行粗放式畜牧养殖，限制养殖规模的扩大，凡是遵守欧盟规定的牧民和养殖户都可获得养殖补贴。

加拿大的各省都制定了畜禽养殖业环境管理的技术规范，畜禽养殖场必须按畜禽养殖业技术规范的要求对养殖场的环境进行管理。畜禽养殖业环境管理技术规范对畜禽养殖场的选址及建设、畜禽粪便的储存与土地使用进行了严格细致的规定。

相比之下，我国对于农村环境保护方面的法律法规很少，已经颁布的《中华人民共和国水污染防治法》《中华人民共和国循环经济促进法》《中华人民共和国可再生能源法》及《中华人民共和国固体废弃物污染环境防治法》等法律都是立足于宏观角度，从全国范围来制定的，没有完全针对农村环境保护方面的法律。部门规章方面，生态环境部、财政部、发展改革委《关于实行"以奖促治"加快解决突出的农村环境问题的实施方案》已于 2009 年 3 月实行，这是一部真正意义上促进农村环境状况改善的方案，只是较为宏观，需要各地从本地实际情况出发，制定符合本地具体情况的可操作的规定。作者认为，一方面国家相关部门要进一步出台立足于全国农村环境保护方面的法律法规，另一方面，各地需要从自身情况出发，在符合国家有关农村环境保护相关法律法规规定的前提下，制定符合本地区实际情况的农村环境保护方面的规章，这样才能有力地促进本地区农村环境保护工作。

3. 提高农民环保意识

目前我国在这方面的工作相对滞后，许多农民对于世界整体环境资源状况不清楚，对于我国环境状况不了解，没有良好的环境保护意识，从而没有养成自觉保护环境的习惯。可以通过媒体的公益宣传片，学校加强学生环保知识宣传和环保意识的培养等措施，大力提高全民的环保意识，养成自觉减少垃圾排放、节约能源的好习惯。这样可以大大减少农村垃圾的产生，有利于农村环境的改善。

4. 加大对农村环境保护的投入

长期以来我国的发展重点是立足于城市，把有限的资源向城市倾斜，导致农村发展滞后。当前，我国提出建设社会主义新农村，大幅度增加了对于农村的投入，这些投入主要是农村经济方面的，用于农村环境保护方面的专项投入较少，这也是制约农村环境状况改善的一个重要因素。目前，超过80%的农村村组没有垃圾回收处理设施，农村生活污水处理设施也非常少。因此，必须加大对农村环境保护基础设施的投入，可以采用国家、地方政府、集体和个人协作的方法，每年国家、地方政府应该在预算中专门划出一块用于农村环境保护设施的建设，基层村组可以按照国家的计划通过"一事一议"的方式进行配套资金、劳力的投入，这样可以加快农村环境保护设施建设的进度，能够在较快时间内取得较好效果。

三、生态价值理论

近一个世纪以来，生态环境问题与人类对自然的改造活动相伴而生，人们开始认识到生态系统对人类生存发展的重要作用和巨大价值。以此认知为基础，生态价值理论逐渐形成。一般认为，生态价值是指以地球生物圈作为生命维持系统或人类生存系统的价值，可以表现为资源价值、经济价值、环境价值、审美价值、生命维持价值、政治价值等[①]。类型大致可分为四类，分别是环境的、生命体的、生态要素的、生态系统的生态价值。除了内涵和分类，生态价值理论领域的研究大多聚焦于生态系统服务价值的评估。康斯坦扎（Costanza）等学者于 1997 年发表了《世界生态系统服务与自然资本的价值》，在全球率先尝试建立一个具有普适性的生态系统服务价值核算方法[②]。文中将全球生态系统分为 16 个类型，将生态系统服务分为 17 个类型，分别进行赋值计算。该研究至今仍是此领域内最有影响力的成果之一，后来的研究大多以此为框架进行调整修补。国内谢高地等学者[③]根据康斯坦扎的估值体系，结合我国国情，编制了中国陆地生态系统的生态系统服务价值当量因子表，进一步推进了我国生态系统服务价值的评估研究。

农业是直接利用自然资源和生态环境开展生产活动的产业，农田是生态系统的重要组成部分。农业生产活动对生态系统尤其是农田生态系统的影响至深，同时，生态系统对农业生产活动的价值最大，尤其是气候条件功能和食物供给功能。因此，对于乡村发展而言，更加需要提高对生态价值的认识，推行资源节约、环境友好的生产方式，促进生态价值的保护、提升和发挥，实现农业生产活动和生态系统的良性互动。

第五节　基层治理视角

一、基层治理的概念

"治理"这一词出自古希腊语及拉丁文，人们给它的定义是领导、控制、操纵。以前，大家一直共同认为"统治"和"治理"可以互相替代，觉得它们都和

---

① 谢斐. 生态系统服务价值评估理论的发展现状 [J]. 经济研究导刊，2013（16）：207-209.

② CostanzaR., ArgeR., GrootR. The value of the world's ecosystem services and natural capital[J]. Nature，1997（386）：253-260.

③ 谢高地，甄霖，鲁春霞，等. 一个基于专家知识的生态系统服务价值化方法 [J]. 自然资源学报，2008，23（5）：911-919.

政府开展的公共事务有着很大的联系。但是，自1990年后，在社会经济行业中，涌现了部分国外的经济学家以及政治学家对此提出新的意见。"治理"这一词不仅适用于政治管理层面。"治理"逐渐将"善治"作为目的，即成为最大程度上提升公共利益的过程。通过对国内外的各类文献进行分析，发现不同的行业对此有着不同的理解。就政治方面而言，相关的研究者将对这个治理过程当做是使整个国家社会现代化发展的结构、体系。就公共政策而言，相关研究者提出这一治理行动事实上就是实施政策的过程。就社会民主的方面而言，对基层社会进行治理能够极大程度上帮助推进社会民主化的实施，其中，乡村地区的基层自治已然成为中国乡村振兴行动中的重要一环，同时也可以表明这一治理与中国新农村建设方针有着紧密联系。总而言之，从不一样的角度入手，获得的关于"治理"的定义也不一样。但是，综合来看，基层社会治理包含的任务为县区管理、城市街道治理、乡镇治理和村级治理四个部分。在本书中所体现出来的定义则是我国在建设乡村基层治理体系时涉及的权益问题，而这一项任务是通过基层乡镇、村级政治层面而实现的，涉及的实质包含了几种主体，如基层国家行政机关（乡镇政府）、基层党组织（村党支部）、基层群众自治组织（村委会）、乡村社会组织等，这四个主体都参与基层治理，共同协作，一起商议，在乡村基层治理中，应将加强协同治理作为首要任务。

二、基层治理的理论基础

（一）协同治理理论

协同治理是自然科学合作理论与社会科学治理理论的交叉。其本质是通过相互关系的合作来处理复杂的社会和公共工作，通过解决现实中存在的障碍和冲突，以最小的成本实现社会各个方向的共同长期利益，并创造协同效应，以实现公共利益。因此，协同治理是界定政府、市场和社会关系的基本制度。没有必要区分社会合作和政府合作。基于协同治理理论，在农村地区实现"善治"的过程中，政府、市场和社会的力量共同努力，以弥补当前政府单一主体治理的局限性。通过解决现实中存在的障碍和冲突，以最小的成本实现社会各个方向的共同长期利益，并创造协同效应以达到公共利益目标的实现。

（二）整体性政府理论

整个政府理论，即公共行政理论，起源于 20 世纪 90 年代的英国，呼应于新公共行政中政府行政的分裂。政府管理的分散化将导致更高的消费和更低的回报，缺少交流与合作，转移和提供服务不平衡，政策不一致。因此，强调以下几个方面：首先，基本思想是满足群众需求。其次，在管理方面，必须加强传统媒体与新兴媒体的使用，建立一个综合管理网络，并在各部门之间交换信息。再次，降低运输风险和成本的能力。最后，一站式服务。整个政府理论的纬度，分为 4 个方向：内部、外部、顶层和底层。内部方向主要是指组织之间的协同，而外部方向主要是组织和其他组织之间的协同。顶层方向是指从上到下所设计组织目标的更高责任，而底层方向基本为整合过程所产生的新服务。

（三）新公共服务理论

新公共服务理论源于人们对新公共服务管理思想的批评。基于当时对新公共服务管理研究方法的挑战和批评，建立了一个新的公共服务理论，吸收了中国传统公共管理的理性包容。美国研究员罗伯特·登哈特在一本名为《新公共服务 服务，而不是掌舵》[①]的书中首次分析了新公共服务理论。新公共服务理论的关键点是：政府作为提供公共服务的公共部门不应被视为消费者，而应针对社会主义平民。因此，对于政府部门来说，必须帮助人们关注公众的社会地位和权利，在制定和实施政策时追求的公众利益应该是民主的。第一，倡导公众利益是政府管理社会关系的核心。新的服务质量理论导致了服务质量理论的改进，强调了服务质量理论的尊严和价值，并关注公众的公共利益和政府部门公务员的地位，以指导社会控制，强调政府与公众之间的沟通与合作，政府部门和社会组织。第二，实现社会联合管理。新的公共服务理论指出了政府部门的需要。在管理运作过程中，政府部门必须积极承担社会责任，为公众提供服务，从而形成一个具有综合能力和应对能力的综合组织。新公共服务理论被发现以公共主体地位为中心寻求最大

---

① 珍妮特·V·登哈特. 罗伯特·B. 登哈特. 新公共服务 服务，而不是掌舵 [M]. 丁煌，译. 北京：中国人民大学出版社，2014.

公共利益，以公共角色为中心追求最大集体意图。新服务理论的进一步发展也促进了中国人民政治进步和政治进步的优化。

新公共服务理论引入中国后，为中国经济社会服务业的进一步积极发展和政策措施的进一步完善奠定了坚实的基础。新公共服务理论提高了公共服务水平，体现了社会主义社会的发展和完善的服务理念，对为中国公共服务的创新和发展奠定理论指导基础，创造美好中国的社会服务条件具有重要的借鉴意义。从中国乡村的实际情况出发，运用新公共服务理论分析农村实际工作中暴露出的问题，能够优化人们的生活和服务条件。在新公共服务理论下，政府和政府应引导村民明确村民的主体作用，强调政府与村民的关系。基于为村民服务的利益，乡镇政府将以村民的实际需求为出发点，努力实现为村民服务，增强和改善地方政府部门及其政府管理人员的社区责任和责任，提供优质的治疗服务，提高农村地区的供应能力和管理水平。

三、乡村振兴战略与农村基层治理的内在联系

（一）提升农村治理水平是乡村振兴战略的重要内容

实施乡村振兴战略，基础是治理，根本目的是解放和发展农村生产力，真正解决"三农"问题，促进城乡一体化发展，提升农村基层治理水平。当下，乡村的治理模式主要是通过基层政府进行构建，治理水平仍待提高，内生力不够充分。因此，提升农村治理水平是乡村振兴工作的前提。

（二）乡村振兴战略倒逼农村基层社会治理优化升级

乡村振兴需要解决"三农"问题，重点在于抓主要矛盾，促进农村基层治理优化升级。基层组织是乡村振兴战略实施的载体，能够集合各方力量，充分利用各种资源，使农民广泛参与到建设进程之中。在基层治理过程当中必然会矛盾重重，因此要逐一打破过程中的难点，处理好各方利益问题，促进基层治理工作稳准落实，真正实现我国农村基层治理组织优化升级，基层真正为农民服务，促农村发展。

（三）乡村振兴战略对农村基层社会治理带来机遇和挑战

十八大以来，社会主义农村面貌发生剧烈变化，农村贫困人口逐渐降低，农民生活质量提高，小康水平稳步推进。但是，农村农业农民仍然是中国发展呈现出的一大短板，制约着中国现代化进程，尤其是当下农村基层治理面临着比以前更加充满复杂和挑战的新时期，农村农业农民发展不平衡、不充分。因此，新时代视野下的农村发展战略是解决长期限制中国现代化和农业和农民失衡问题的党和国家的重要战略。所以，要抓紧实现农村农业农民现代化的根本目标，持续推进农村基层治理可持续发展。

总体而言，在乡村振兴的时代背景下，党中央、国务院为实现农村基层地区繁荣稳定和谐发展注入了强大动力。至此，乡村振兴发展与农村基层治理水平提升形成了有机衔接。

第六节　社会文化视角

一、乡土文化理论

在《乡土中国》的开篇有这样一句话，"从基层上看去，中国社会是乡土性的"[①]，因为"土"既是乡村生产活动的核心要素，又是乡村生活的空间载体，因此在绝大多数语境下，乡土文化等同于乡村文化。因为农业耕种高度依赖于土地，而土地不可移动且具有较强地域性，从而千百年来形成了相互熟悉、长期稳定的乡村社会，进而形成了以地缘和血缘为纽带的差序格局和礼治秩序。一般而言，乡土文化是指在特定乡村区域由特定人群共同生产生活并以某种方式留存下来的乡土风貌等物质特征和人情世故、风俗习惯、伦理道德等精神特质[②]。但乡土文化中传统礼俗、道德秩序等产生的影响早已超越了时空和人群的限制。

伴随着工业化和城镇化的快速推进，工业文明的理念逐步渗透到乡村，利益

---

① 费孝通．乡土中国．北京：商务印书馆，2022：4.
② 李慧慧．乡村振兴视域下乡土文化的复兴［J］．中共南昌市委党校学报，2018，16（5）：61–65.

导向替代了血缘姻亲，成为基本行动逻辑，乡村礼治、乡贤权威也逐步被法治观念和村镇干部所取代，乡村社会的传统生活方式陷入了衰变式微的困境，人们对乡土文化甚至传统文化的认同感在逐步下降。与此同时，传统的诚实守信、以和为贵、俭朴谦良等道德观开始流失，功利心态在乡村社会非理性膨胀。低俗文化乘虚而入，在部分乡村地区开始泛滥。20世纪二三十年代，以梁漱溟为代表的一批学者发起的乡村建设运动，其核心就在于通过文化教化（如创办乡农学校）的方式来解决乡村社会的文化失调问题。近年来，乡土文化也受到越来越广泛的关注，大量研究聚焦于乡土文化的时空变迁、实践特征、危机表现、陷落原因、多元融合领域，为推动乡村文化振兴奠定了重要理论基础。

二、农耕文化理论

中国是传统农业大国，有着悠久的农耕文化，从古代传承下来的耕作方式、风俗祭祀、管理制度等，满足着农民的日常生活需求，也满足着农民的精神需求，维持着整个传统乡村社会的稳定运行，同时，还塑造着中华文化的精神和品格。但是，随着时代的发展和现代化进程的不断推进，农民的劳作方式发生了巨大的变化，农民的生存空间不断被解构，农耕文化的生存基础也遭到了很大程度的冲击。农耕文化的式微给乡村社会的全面振兴造成了极大的阻碍。因此，我们要采取一切有效的手段，重新挖掘和构造农耕文化的价值要义，从而复兴农耕文化，促进乡村振兴的实现。

（一）农耕文化的变迁

文化往往能够反映出当时社会的政治和经济状况，同时对社会政治和经济的发展产生着重要的影响。自1949年以来，中国乡村社会经历了四个重要阶段，分别是乡村改造、乡村建设、乡村改革、乡村振兴。我国传统农耕文化也经历了从繁盛主流到冲击削弱，再到重拾自信的曲折发展之路，而人们的文化态度也发生转变。

1. 文化认同

毛泽东同志指出"群众是真正的英雄"[1]，他认为，在长期的农业生产中，中

---

① 毛泽东 . 毛泽东选集 一卷本 [M]. 北京：人民出版社，1964：748.

国农民已经形成了勤劳、勇敢、乐观、善良的品质，并且有着较强的创造力。但是，农民在很长时间以来从事的是分散的、低效的小生产活动，因此产生了较为严重的小农思想，这跟社会主义和现代化的要求是不相符合的。[①]他反复强调"重要的问题是教育农民"，[②]要从思想文化的层面出发，积极组织和动员农民，加强教育，争取将农民朴素的能动性改造成跟社会主义建设要求相符的"敢想、敢说、敢为的大无畏创造精神"。在中华人民共和国成立之后，我们党确定了"文艺为人民服务、首先为工农兵服务"的基本方针，致力于培养社会主义新人，塑造新型农民，并通过"三下乡"活动，彻底改造乡村社会结构和文化生态。这一时期的作品强调的是挖掘传统农耕文化的核心精神，题材一般是体现乡村社会的新变化。与此同时，加快旧文艺组织的改造，将农民戏班纳入国家计划体系，建设并完善农村公共文化设施。到1953年，全国已有电影院783座，流动电影放映队2254个。[③]在党和政府的政策支持下，农民在自己熟悉的生活话语中，充分实现了自我组织、自我教育，并增强了自主性、自信心、自豪感。通过一系列改造方法和手段，乡村社会的精神面貌焕然一新，农耕文化越来越受重视，其地位越来越高，成为承载社会主义劳动者美好愿望的沃土。

2. 文化疏离

随着时代的进步和经济的发展，我国城市化发展越来越快，在这样的趋势下，乡村人口开始大量涌入城市，乡村社会因为人口外流导致的空心化程度越来越高，进而导致乡村社会的日渐衰败。随着时代的发展，城乡之间的文化交流日益频繁，这使得乡村社会得以体验到现代化生活方式，但是，城市文化所强调的是"先进、文明"的价值观，这给传统农耕文化的价值观造成了很大的冲击。并且，市场经济强调的是对利益的追逐，这严重侵占了农耕文化的生存空间，对于农耕文化，人们表现得越来越疏离淡漠，甚至使农耕文化遭遇逐渐消亡的危机。其主要

① 李炼石. 乡村文化如何振兴——毛泽东的探索及其当代启示 [J]. 2020（5）：63–69.
② 方爱东.《毛泽东思想和中国特色社会主义理论体系概论》学习指导 [M]. 合肥：安徽大学出版社，2008：92.
③ 廖义军. 建国初期中国共产党开展农村文化建设的几种形式 [J]. 湖南科技学院学报，2013（12）：85–88.

表现是：第一，传统农耕文化资源的载体逐渐消亡。城市化发展和工业化发展促进了社会生产力的进步，如今，以机械代替传统的人力和畜力已经成为社会生产发展的必然趋势，目前，农村生产已经基本完成了机械化改革，这确实大大提升了农民劳作的效率，但机械取代了传统农具，使得传统农具的制造工艺逐渐失传。同时，在城市化的进程中，农村的劳动力不断向城镇转移，年轻人的流失，导致自然村落开始呈现出空心化、荒芜化的特征，有一些珍贵的传统建筑，因为长时间得不到妥善维护而遭到损坏。有研究表明，2010 年前我国传统村落平均每年递减 7.3%，每天消亡 1.6 个。[①] 第二，传统农耕文化艺术形式逐渐消亡。农民的生产劳动是十分低效的，往往辛勤劳作一年，所得成果也只能勉强糊口，所以，在城市化进程中，农村的很多青壮年都选择离开农村，到城市去谋求生活，或者追寻自己的理想。他们有着十分强烈的文化需求，城市文化和现代化生活对他们来说有着强烈的吸引力，他们对城市文化表现出强烈的认同，其娱乐方式和审美趣味也发生了彻底的改变。一些传统的农耕文化内容，如戏曲、山歌、民俗技艺等，对农民已经不再具有吸引力，不能满足他们的文化需求和精神需求。并且，在年轻人流向城镇之后，乡村社会只剩下留守老人和留守儿童，由于没有后继之人，很多传统的农耕文化团体逐渐解散，比如乡村的秧歌队、皮影班等。

3. 文化自信

"从生态上说，城市与农村是一个整体，谁也离不开谁。如果谁能离开而独立生存下来的话，是农村不是城市。"[②] 联合国粮食及农业组织指出，农耕文化遗产不仅仅是和过去相关，还关乎人类未来的遗产。所以，我们必须加强对传统农耕文化的创造性转化，结合新时代的特征和发展要求，重新构建传统农耕文化的价值，使其成为促进乡村振兴的文化力量。

（1）"记得住乡愁"的文化守望

在走进新时代以后，党致力于打造新时代乡村社会的价值秩序。2013 年，中央城镇化会议提出，要让城镇化居民能够"望得见山、看得见水、记得住乡愁"。

---

① 胡彬彬. 我国传统村落及其文化遗存现状与保护思考［N］. 光明日报，2012-01-15.
② 刘易斯·芒福德. 城市发展史 起源、演变和前景 [M]. 倪文彦，宋俊岭，译. 北京：中国建筑工业出版社，1989：255.

《乡村振兴战略规划（2018—2022年）》规定：要加强建设生态宜居的美丽乡村，要注重对乡村文化的保护、传承和发展，要尽可能地留住乡愁记忆。[①] 近些年来，出于对我国农耕文化不断消逝这一现状的考虑，党和政府陆续出台了一系列的指导意见或文件，主张加强对农耕文化中活态文物的保护，同时，注重保护共有的自然风景、历史文物，打造能够保存原始记忆、保留文化脉络、呈现传统地域风貌和民族特色的城镇，构筑开放、共同、群体的乡愁。在相关政策的扶持下，全国各地都加强了对农耕文化的重视，并加大了对农耕文化非遗资源的保护力度，对于那些濒危的项目，进行了抢救性保护，对那些能够反映农耕文化的实物，比如木雕、石雕、匾额等，展开普查统计，并根据当地特色，建立农村非遗传习基地和农耕文化展览馆，一方面促进农耕文化的保护，另一方面引起人们对农耕文化的重视，自觉参与到保护农耕文化的行列中。

（2）"培育新乡贤"的文化反哺

2015年中央一号文件提出："创新乡贤文化，弘扬善行义举，以乡情乡愁为纽带吸引和凝聚各方人士支持家乡建设。"[②] 从此以后，党和政府开始发挥新乡贤的作用，致力于构建与社会主义核心价值观相契合的、能够促进社会主义新农村建设的新乡贤文化。

从文化主体的角度来说，新乡贤就是中国农村优秀基层干部、道德模范、身边好人等比较先进的典型，他们在群众中间通常是德高望重的存在，他们懂得农业知识、热爱农村、关爱农民，在促进乡村经济发展的过程中，他们发挥着十分重要的作用，可以说是乡村现代治理的推动者，与此同时，也是农耕文化的重要保护者和传承者。随着新乡贤文化的弘扬，在全国范围内，各地都相继建立了乡贤理事会、乡贤工作室等"新乡贤组织"，这类组织吸引了很多有识之士，他们资产、有知识、有道德，更重要的是有保护农耕文化、促进农村发展的伟大情怀，他们能够给农村政治经济社会生态带来积极的影响，同时他们也愿意投身于这样

---

① 中国城市规划. 重磅！中共中央、国务院印发《乡村振兴战略规划（2018 — 2022 年）》[R/OL].（2018-9-26）[2022-4-3].https://mp.weixin.qq.com/s?__biz=MzA3NTE1MjI5MA=&mid=2650769831&idx=1&sn=02f620b16596579fc7ba4fb04ad1dcd2&chksm=877fc76ab0084e7c50e4036a3fff128123afb87bdbb2bf25162aff9a6e70da96d741455a3b3a&scene=27.

② 关于加大改革创新力度加快农业现代化建设的若干意见［N］. 人民日报，2015-02-02.

的工作之中。回归故土，为家乡作贡献，已经成为乡村振兴重要的精神动力和人才支撑。

（3）"乡村振兴"的文化兴盛之路

2008 年中央一号文件指出，走中国特色社会主义乡村振兴道路，必须要加强对传统农耕文明的保护和传承，开辟出一条乡村文化的兴盛之路。十九大以来，党和政府致力于在创造性转化以及创新性发展中传承农耕文明，让农耕文明在新时代中呈现出独特的魅力。2018 年，我们设立了中国农民丰收节，主要目的之一就是让传统的农耕文化更具有仪式感。今天，传承农耕文明的主要载体已经变成了休闲农业和乡村旅游，农耕时代的乡贤文化、家风家训等元素融入现代乡村的自治、法治和德治之中，一些传统理念、传统精神已经成为塑造新时代家风和新型农民精神世界的重要元素。

（二）农耕文化对乡村振兴的意义

'天人合一''道法自然'的哲理思想，'劝君莫打三春鸟，儿在巢中望母归'的经典诗句，'一粥一饭，当思来之不易；半丝半缕，恒念物力维艰'的治家格言，这些质朴睿智的自然观至今仍给人以深刻警示和启迪。"[①] 要想实现乡村文化振兴，促进乡村发展，就要深入挖掘传统农耕文化，提炼其中蕴含的思想观念、人文精神，并使其在新时代中呈现出新的面貌和独特的风采。

1 契合乡村振兴的绿色发展

"天人合一""道法自然"是中国传统农耕文化精神的重要内容，体现的是天、地、人三者之间的一种相互关联的状态，也是人类生活可持续性发展的重要保证。"天人合一""道法自然"是指人与自然必须和谐共处，人们在劳作的时候，必须遵循春生夏长、秋收冬藏的自然规律，实现人与自然的和合有序。在农民的生活实践中。"天人合一""道法自然"的生态智慧体现为遵守物候规律，在几千年的农业生产实践中，农民们以农谚的形式总结出很多规律，例如"小麦种迟没头，菜籽种早没油""谷雨下种""芒种插秧"等等。

---

① 汪晓东. 让绿水青山造福人民泽被子孙——习近平总书记关于生态文明建设重要论述综述［N］. 人民日报，2021-06-03.

随着现代化进程的加快,"大量生产—大量消费—大量废弃"这一模式被引进农业领域。现代农业借助于现代农耕技术,确实实现了快速增长,但与此同时,也因毁林开荒、围湖造田造成了水土流失,还有一些地方频繁发生旱涝灾害,并且环境污染、土地污染问题也日益严重,这些问题已经成为乡村振兴的最大阻碍。传统的"天人合一""道法自然"的生态思想则给我们实现乡村振兴提供了重要的方法和价值原则。在土地问题、环境污染频发的现状下,我们必须坚持"绿水青山就是金山银山"的重要发展理念,坚持人与自然和谐共生的基本方略,在保护生态环境的基础之上发展经济社会,争取用绿色、循环、低碳的发展理念来构建乡村生态经济发展的新模式,从而促进乡村经济的可持续发展,真正实现乡村的振兴。

2. 契合乡村振兴的品格需要

在古代,科技并不发达,农业生产力水平较低,农民基本是靠天吃饭,为了改善生活条件,农民们认识到:只有勤恳劳作、自强不息,才能得以生存,才能改变自己的命运,因此,人们逐渐形成了"一日不耕则一日不食""业精于勤,荒于嬉"的生活态度,并最终成为中华民族的精神品质,塑造了中华民族勤劳勇敢、顽强不屈的品格。

在历史上,"天道酬勤""力耕不欺"是中华传统文化的重要内容,是中华民族战胜一切困难的重要精神动力,并促使中华民族实现"站起来""富起来""强起来"的重要飞跃。在新时代,尽管农业生产力水平大大提升,但这种自强不息的奋斗精神,仍是我们必须具备的,是我们不断前进、不断发展的重要力量。目前来看,实现乡村振兴面临着很多阻力,例如,乡村治理水平较低,乡村居民文化素质较低,不能适应现代农村发展的需求,脱贫任务没有落实到位等等。因此,我们仍需要秉持"天道酬勤""力耕不欺"的精神与信念,以强大的恒心和毅力做好乡村振兴工作。

3. 契合乡村振兴的合作需要

优秀的传统农耕文化所体现的是一种共商共建、共赢共富的精神,有助于提升乡村的凝聚力,促进邻里和谐,实现守望相助。传统的农业生产受自然因素的影响较大,但是,气候、温度、雨水等自然因素时时发生着变化,因此农民的生活很难得到保证，甚至会长期处在难以解决温饱问题的困境之中，这使得农村生活充满了不确定性，使得农民生活的幸福感大大降低。在这样的背景下，我国古代先民逐渐意识到，合作和互助是保证生存质量的有效策略。基于此，古代先民们逐渐形成了和谐的邻里关系，形成了淳厚朴实的乡风，最终在团结互助的基础之上，建立起乡村命运共同体。

如今，我们必须适应新时代的要求，立足于传统农耕文化中"守望相助"的精神，遵循共享发展的原则，通过各种形式把农民组织起来，带领农民走互助合作的道路，做到共商共建、共享共担，最终实现共赢共富的最终目标。农民合作社是乡村建设和发展的主力军，它所体现的，是互相帮扶、守望相助的精神，同时也遵循着合作互助、利益交换、公正法治的现代理念。这种农民抱团合作的形式，有助于实现规模化经营，从而促进农业高质量发展，促进乡村振兴。

4. 契合乡村振兴的责任需要

"耕读并举"是中华民族的重要文化传承。其中，"耕"是为了满足生存所需的基本物质需求，而"读"则是为了格物致知，提升自身修养，或者说满足自身的精神需求。"耕读并举"是"耕"和"读"的一种深度结合，它所体现的是农耕文化以劳动强健体魄、以文化滋养心灵的一种和谐理念。"耕读并举"的精神在发展过程中衍生出很多家训，比如"读而废耕，饥寒交至；耕而废读，礼仪遂亡"等，这类家训在勉励子孙勤劳耕种、刻苦读书方面发挥着重要的作用。也正是在这种文化氛围的影响下，中华儿女逐渐形成了忠孝仁义、报效国家的精神与抱负，这对中国农业、宗法制度以及文化艺术的发展都有着十分重要的意义。

乡村振兴不仅仅是乡村经济的振兴，还包括乡风文明的复兴，要想实现这一目标，就需要构建良好的家风、乡风和民风，而这一切都离不开耕读教育。所以，对于那些跟农业相关的高校，要加强其耕读教育，并将与耕读教育相关的课程作为相关专业学生的必修课。耕读教育是为乡村振兴培养人才的重要途径，构建耕读并举、诗书继世的传统美德有着重要的意义：一方面，能够提升农村的吸引力，使更多人走进农村、走向农业，让他们在了解和学习乡土文化的过程中，逐渐成长为乡村未来的建设助力；另一方面，能够促使人们积极参与劳动生产，并追求读书上进，从而得到自身道德水平的提升，同时能够养成积极向上的生活态度，成为有知识、有情怀的新时代农民。

（三）传统农耕文化的保护和发展

对于农耕文明，我们必须保护其文化特质，使其文化理念得以延续，文化精髓得以世代传承，要想实现这一目的，就要在乡村振兴战略背景下，利用各种有效的手段，深度挖掘农耕文化，并将其中的优质内容进行转化，使其能够适应现代社会，能够得到大众的认可，使大众获得更加丰富的文化体验，只有这样，才能让传统的农耕文化与时俱进，在现代化进程中呈现出新的面貌，体现出自身独特的魅力和价值。

1. 探寻农耕文化传承的现实路径

实现乡村文化振兴的一个重要前提就是加强对农民社会主义核心价值观的培育。农耕文化有着丰富的内涵，是传统农业社会的主流文化形态，是在农民长期进行生产劳动的过程中逐渐形成的。在传统农耕文化中，蕴含着很多跟社会主义核心价值观相贴合的价值理念，或者也可以说，社会主义核心价值观是在农耕文化在内的传统文化的基础上建立起来的。所以，对于农耕文化，我们要进行深度挖掘，提炼其中所蕴含的人文理念和民族精神，挖掘其中的历史价值和时代价值，并充分吸收传统民俗文化中的美学教育思想，发挥新乡贤和道德模范的教育信道作用，加强家风、乡风和民风建设，最终促进新时代农民对社会主义核心价值观的认同。

2. 营造传承保护农耕文化的社会氛围

要想做好传统农耕文化的保护与传承工作，离不开全社会对农耕文化的关注与认同。因此，我们需要构建自上而下的保护和活态化传承的农耕文化宣传机制，展现农耕文化的风采和魅力，让更多的人认识和了解农耕文化，并产生认同感。更重要的是，我们必须将农耕文化的传承保护问题提升到国家战略的层面，要站在历史的角度，向全社会说明农耕文化对于现代社会发展的重要价值，激发人们对农耕文化的好奇心和热爱之情，进而培养人们保护和传承农耕文化的自觉性。

除此之外，要加强对各种类型的农耕文化遗产的调查、登记、展示和出版发行。同时，要将农耕文化引入到学校教育，将耕读教育跟实践教育教学进行有机结合，让学生了解农史知识、农业生产技术等内容，并让学生们在体验农耕劳作、欢庆丰收的过程中对农耕文化理念产生更深的认识，进而塑造勤劳勇敢、脚踏实地的精神和品格。

3. 以"数字化"手段扩大农耕文化的影响力

《2021非遗电商发展报告》显示：非遗传承人，手工艺店铺基本都集中在乡村地区，国家级非遗传承人的平均年龄达63.29岁。这些非遗传承人年龄较大，思维比较传统，且学习能力已经退化，所以他们对现代化数字技术不甚了解，这导致在现代社会背景下，农耕文化的传播力度大大减弱。所以，必须将农耕文化资源和特色产品等集聚起来，充分利用现代信息技术，开辟更广阔的农耕文化传播和传承之路。例如，有的地方政府以网络直播的形式来宣传非遗产品，利用网络媒体举办"非遗云探店""非遗直播带货"等活动，并借助于直播教学、观众互动等形式，让更多民众了解农耕文化相关的知识、技术和精神。此外，还可以构建以农耕文化为核心内容的信息交流平台，建立特色网站和微信公众号，给民众了解农耕文化提供可靠的渠道。

4. 推进农耕文化与现代乡村旅游协同发展

在乡村振兴发展的实践过程中，我们找到了一条捷径，那就是文旅结合，即将传统村落、农村的自然山水等乡村景观，融入民俗活动、农耕技艺等文化形式之中，从而打造具有乡村特色的旅游品牌，吸引人们到此游玩参观，从而使人们在体验乡村文化的过程中，形成重视农业、尊重农民的意识，更重要的是，通过文旅融合，能够促进传统农耕文化与乡村产业的有机结合，进而促进二者协同发展。例如，湖南省邵阳市利用"六月六山歌节"，将农耕文化和旅游观光结合起来，通过摇摇舞、侗族大歌、打糍粑等民俗活动，展示了农村特有的农耕文化，建立了独特的人文景观，这不仅促进了农耕文化的保护和传承，也推动了当地经济和人文环境的发展。

三、社会质量理论

社会质量理论兴起于欧洲，最早由艾伦·沃克（Alan Walker）于 20 世纪 90 年代创立 [1]。他认为，所谓社会质量，就是指公民在那些可以改善其福利状况和提升其个人潜能的领域，能够参与社区的社会经济生活的程度。从发端开始，社会质量就与社会治理、公共政策选择密切相关。欧洲学界将影响社会质量的因素分为三类：条件性因素，包括社会—经济安全、社会凝聚、社会融入、社会赋权；建构性因素，包括个人保障、个人能力、社会认知、社会反应；规范性因素，包括社会公正、团结、平等、个人尊严。无独有偶，我国学者几乎与欧洲学者同一时期提出"社会质量"概念，不过后续研究未能跟上，后来待欧洲社会质量理论相对成熟后才进一步引进学习。王沪宁 [2] 最早涉足社会质量研究，他认为社会质量是指社会的非政治有序化程度，并将其进行分类，还提出了测量指标。在他看来，社会质量的水平在很大程度上取决于社会治理。近些年来，林卡成为社会质量理论的主要推动者，他认为该理论以"社会性"为逻辑起点，以"社会整合"为原则，为研究社会和谐问题奠定了哲学理论基础 [3]，在应用方面，也有助于优化社会政策和提高社会福利。但目前我国关于社会质量的研究大多聚焦于条件性因素构建的四维社会质量评价体系，对建构性和规范性因素研究不足。

改革开放 40 多年来，我国总体社会质量显著提升，对比城市和乡村，无论从社会质量评价的哪个维度来看，后者都还存在较大落差，如生产效率、就业空间、人居环境、社会保障等。因此，如何提升乡村社会质量、弥补我国社会发展全局短板成为当务之急。社会质量理论作为评价社会发展的一个新视角、一种新标准，为世界各国的社会政策实施和效果评价提供了新工具。近年来，国内学者运用该理论在精准扶贫、乡村治理、城乡融合等细分领域展开了大量研究，为乡村振兴战略提供了较强的理论支持。

---

① 彭华民. 西方社会福利理论前沿 论国家、社会、体制与政策［M］. 北京：中国社会出版社，2009.

② 王沪宁. 中国：社会质量与新政治秩序［J］. 社会科学，1989（6）：20-25.

③ 韩克庆. 社会质量理论：一个研究综述［J］. 东吴学术，2010（1）：97-103.

第四章　乡村振兴战略的实施重点

　　乡村"五大振兴"涵盖政治、经济、文化、社会、生态文明等方方面面，与"产业兴旺、生态宜居、乡风文明、治理有效、生活富裕"总要求一脉相承，是"五位一体"总体布局、"四个全面"战略布局在农业农村领域的具体体现和加快推进农业农村现代化的重大举措，是乡村振兴战略的核心内容和主要抓手。乡村"五大振兴"各有侧重、相互作用，必须准确把握其科学内涵和目标要求，聚焦关键环节，明确主攻方向，统筹谋划新时代农业农村现代化的实现路径。本章内容为乡村振兴战略的实施重点，内容主要包括乡村产业振兴、乡村人才振兴、乡村文化振兴、乡村生态振兴、乡村组织振兴。

第一节 乡村产业振兴

毋庸置疑，乡村振兴重要的物质基础是产业振兴。产业是农村经济发展的支柱，影响着农业现代化、农村生产力解放的进程，并且关乎着农村劳动力就近就业问题、农民增收问题等。推进乡村产业振兴，要让农村产业提质增效，让农民增收致富。

一、乡村产业的内涵及类别

一般而言，产业是指由利益相互联系的、具有不同分工的、各个相关行业所组成的业态总和。在经济研究和经济管理中，通常可采用三次产业分类法来界定产业：第一产业为农业（含种植业、林业、牧业和渔业），第二产业为工业（含采掘业、制造业、电力、煤气、水的生产和供应业）和建筑业，第三产业为上述产业以外的其他各业，可分为流通和服务两大部门。从理论内涵的角度来说，农村产业包含三个方面，即农业、农村工业、农村服务业，从发展演变过程中的表现特征上看，农村产业是指根植于农业农村、服务于当地农民，能够彰显地域特色、体现乡村气息、承载乡村价值的产业。当前，随着国家乡村振兴战略的推进实施以及制度、技术和商业模式创新的持续推进，我国的农村产业正在经历一次非常重大的转变，也就是从传统业态转向新产业新业态和新的发展模式。在这样的背景下，农村一、二、三产业交叉融合发展的趋势越来越明显。研究认为，可以从传统农村产业和农村新产业、新业态、新模式两个方面来分析我国乡村产业振兴中的农村产业业态。

（一）传统农村产业

从传统角度分析，传统农村产业的主要业态包括农业、农产品加工业、手工业、农村建筑业、农村运输业、农村商业等。

1. 农业

农业是以土地资源为生产对象，生产动植物产品和食品、工业原料的产业。广义农业包括了种植业、林业、牧业、渔业等产业形态。其中，种植业利用土地资源进行种植生产，即狭义农业，包括粮食作物、经济作物、饲料作物和绿肥等的生产，通常用粮、棉、油、麻、丝（桑）、茶、糖、菜、烟、果、药来代表，其中粮食生产占主要地位，林业利用土地资源培育、采伐林木，牧业利用土地资源培育或者直接利用草地发展畜牧，渔业（又称为水产业）利用土地上水域空间进行水产养殖。总之，农业是衣食之源，是支撑国民经济建设与发展的基础产业。同时，农业的功能也是动态化的，其基本功能随着经济发展和社会进步而不断拓展深化。当前，农业的新功能日益凸显，农业功能的多样化趋势更加明显。发展到今天，农业所发挥的作用越来越大，不仅给我们提供生存所需的各种农产品，提供大量的工作岗位，而且还给我们提供了良好的生态系统，与此同时，农业还作为重要的文化载体，发挥着重要的教育作用。

2. 农产品加工业

农产品加工业是以农林牧渔产品及其加工品为原料所进行的工业生产活动。农产品加工促进了工业和农业之间的联系，加强了城市和乡村之间的沟通与互动，并且农产品加工覆盖面广，有着较高的产业关联度，能有效带动农民就业增收，可以说农产品加工是农村产业融合的必然选择，已经成为农业现代化的重要标志。从统计意义上讲，食品加工及制造、饮料制造、纺织服装及其他纤维制品制造、皮革毛皮羽绒及其制品、木材加工及木竹藤棕草制品、烟草加工、家具制造、造纸及纸制品和橡胶制品等行业与农产品加工业有关。随着生物技术、食品化学及其他相关学科的发展，基因工程、膨化与挤压、瞬间高温杀菌、真空冷冻干燥、无菌贮存与包装、超高压、微胶囊、微生物发酵、膜分离、微波、超临界流体萃取等高新技术广泛应用于农产品加工领域；这些高新技术带动无菌包装、膜分离、超微粉碎、速冻和果蔬激光分级、清洗、包装等加工设备的高新化，而高新技术和设备使农产品精深加工能力持续提高，对植物根茎花叶果和畜禽、水产品的综合利用已成为农产品加工业的重要发展方向。同时，从全球范围来看，加工新产品向安全、绿色、休闲方向发展，加工原料向专用化品种方向发展。

3. 手工业

手工业与农业联系紧密，属于农民副业性质的家庭手工业。手工业是指通过手工劳动，使用简单工具从事小规模生产的工业，是农业文明的产物。在最开始，手工业是跟农业融为一体的，是指农民把自己生产的农副产品作为原料，对其进行加工，或者利用自己的手艺和技术，制造一些劳动工具及其他日用品。发展到后来，手工业逐渐从农业中分离，形成了独立的个体手工业，其特点是以一家一户为生产单位，以家庭成员的手工劳动为主要生产形式，一般不雇用工人或只雇用做辅助性工作的助手和学徒。手工业能够使民族优良传统得到发扬和创新，加强手工业的发展，能够促进日用消费品的生产和各种艺术珍品的创作，使人们的物质文化需求得到满足，同时，还能创造更多的就业机会，促进农民增收，促进农村经济发展。改革开放后，手工业品在国际国内两个市场的消费潜力不断释放。

4. 农村建筑业

农村建筑业是农业经济发展和农村产业结构调整的重要内容，对农村经济社会发展、农村剩余劳动力就业具有重要意义。农村建筑业的发展经历了农村"泥瓦匠"、农村建筑队和集体建筑企业等形态，是农村吸纳劳动力多、产值高的行业，还能带动与其相关联的建筑建材、铁木配件产业的发展。目前，顺应农村一、二、三产业融合发展需要，农村建筑业正展现出由住宅服务功能向乡村旅游、乡村民宿、空间—产业联动更新改造等综合服务性功能和新业态转变。

5. 农村运输业

农村运输业主要包括物流服务和客运出行两个方面。农村物流作为联系城市和农村、连接生产和消费的纽带，主要服务于农产品进城和工业品下乡，不仅关系到农业的生产资料供给、农民日常的日用工业品需求，更关系到农产品的对外流通和农民的收入增长。近年来，随着网络购物、农村电商、农业生产龙头企业的不断涌现，农村物流覆盖的范围更加广泛，已成为农村经济的新增长点，对我国农村经济发展的作用日益显现，具有巨大的潜在市场需求。与农村物流主要着眼于服务"物"流不同，农村客运则主要着眼于服务"人"流，农村客运以农村居民安全、便利出行为目的，依托"四好农村路"，建设乡镇客运站、村级招呼站点等，通过公交化、固定时间、灵活班次等运营服务模式，提供连接城乡、相互衔接的城乡客运一体化服务。

6. 农村商业

农村商业是释放农村消费市场的重要支撑。农村商业以农民为消费主体，以农贸市场、超市、连锁店、供销社等为商业主体，涵盖了农资、农机、家居、家电、建材、酒水、日用品等多种零售业态，其消费需求具有信赖熟人、讨价还价、就近购买、即买即用等基本特点。随着时代的发展，互联网技术越来越发达，也越来越普及，它所带来的新理念、新技术给农村商业的发展注入了新的生命力。如今，数字化基础设施开始走进农村，农村电商、移动支付促使农村的消费和零售发生了新的变化，并推动农村商业由单纯的商品买卖向经营城乡资源转变，使得"互联网＋农村商业"这一模式发挥更大的价值。

（二）农村新产业新业态新模式

1. 休闲农业和乡村旅游

休闲农业和乡村旅游是农业旅游文化相互渗透而形成的一种新产业，是生产生活生态同步改善而形成的新业态，是农村一、二、三产业深度融合的新模式。党的十八大以来，休闲农业和乡村旅游呈现出逐年增长的良好态势，在农村经济发展方面发挥着重要的作用，还有效促进了农民就业，解决了农民增收难的问题。正因如此，休闲农业和乡村旅游将成为拓展农业多功能性、满足新兴消费需求的朝阳产业。

2. 农村电子商务

农村电子商务是农产品流通和农业生产资料销售的新业态，也是创新农村商业模式、丰富农村商业服务内容、完善农村现代市场体系的必然选择，更是转变农业发展方式的重要手段，对调整农业结构、增加农民收入、释放农村消费潜力等都具有明显作用。

3. 设施农业

所谓设施农业，就是指利用现代化的农业工程和技术，根据植物、动物的生长需求为其提供适宜的环境，使其不再完全依赖于自然环境，从而提高农业生产的效率。因此，设施农业有着高投入、高技术、高产量的特点，并且能够获得较高的效益。设施农业的类型有很多，如设施栽培、饲养，还有各类温室、大棚等。

4. 智慧农业

智慧农业是综合应用物联网、大数据、人工智能等现代信息技术形成的一种新业态，集成了应用计算机与网络技术、物联网技术、音视频技术、3S 技术、无线通信技术，依托布置在农业生产现场的各种传感节点（如环境温湿度、土壤水分、二氧化碳、图像等），实现对农业生产环境的智能化感知、预警、决策、分析以及专家在线指导，为农业生产提供精准化种植、可视化管理。

5. 共享农业

共享农业是利用互联网技术，集聚需求方分散、零碎的消费信息，并与供给方精准匹配对接，从而实现农业资源重组的一种新模式。一般情况下，共享农业贯穿在农业产业链的整个过程中。目前，共享农业向着共享农庄、共享农机等方向发展，将给深化农业供给侧结构性改革注入新的活力，并培育农业农村发展的新动能。

6. 认养农业

认养农业是一种农事活动新模式，所谓认养农业，是指消费者提前支付生产费用，生产者则为消费者提供绿色、有机食品，同时，建立生产者和消费者风险共担、收益共享的一种生产方式。这是一种新型农事活动模式，认养农业作为乡村共享经济的一种形式，今后将慢慢向旅游、养老、文化等更多的产业领域渗透融合，并与农村其他经济形态形成集成创新。

7. 文创农业

所谓文创农业，就是指以文艺创作的思路，把传统农业跟文化和科技进行融合，开发传统农业新的功能，提升传统农业价值的一种新业态。

8. 农光互补

农光互补是指结合设施发展农业，通过建设棚顶光伏工程实现清洁能源发电，并将光伏科技与现代物理农业有机结合，在棚下发展现代高效农业，实现光伏发电和农业生产双赢的一种农业能源新模式。

9. 农业生产性服务业

农业生产性服务业是顺应农村社会结构和经济结构的发展变化需要，以农资供应、农技推广、农机作业、疫病防治、金融保险、产品分级、储存和运输、销售等社会化和专业化服务为主要内容，为农业生产提供产前、产中、产后等农业全产业链服务的一种新型业态。

10. 农业公园

农业公园是指以经营公园的思路，依托农田和村庄，将农业生产、乡村生活、农耕文化体验进行有机结合的一种乡土文化旅游模式。农业公园以本村居民生活区域为核心，通过农业生产现代化、农耕文化景观化、郊野田园生态化、组织形式产业化、乡村景观园林化等形成农业旅游的高端业态，成为吸引农业消费的新模式。

11. 田园综合体

田园综合体以农民合作社为主要载体，是集循环农业、创意农业、农事体验于一体的综合发展新模式。其主要特征是结合农村产权制度改革推动现代农业、休闲旅游、田园社区的一体融合，从而实现城市与乡村互动发展，促进乡村现代化以及城乡融合发展的一种可持续模式。

二、乡村产业振兴的问题与思路

（一）乡村产业振兴面临的主要问题

通过对乡村产业的内涵、特征和类别进行全方位的分析，可以看出，乡村产业振兴的内涵主要包括两个方面：一方面是农业供给侧结构性改革，另一方面是农村非农产业发展。目前来看，乡村产业所面临的主要阻碍是农业现代化水平较低和农村"产业空心化"现象较普遍，具体表现为以下几个方面：

一是农业现代化仍是"四化同步"的短板。我国农业传统发展模式升级滞后，农作物耕种综合机械化水平尤其是经济作物机收水平较低；农业生产能力较低，农业现代化在效益上与世界现代农业发展存在很大的差距，除了杂交水稻等少数成果居于世界领先地位外，农业人均产出和粮食单产均缺乏竞争优势；同时，农业科技总体水平不高，我国农技人员与农业人口之比与发达国家差距很大。农业现代化是全面建成小康社会和现代化建设的一项重大任务，目前我国农业现代化的程度还远远不能适应新型工业化、信息化、城镇化发展的需求。

二是农产品加工业、手工业、农村建筑业、农村运输业、农村商业等传统乡村产业亟待升级。农产品加工业粗放式增长，产业集中度低，农产品精深加工能力较弱，品牌培育不够，产业链不完善，价值链难提高。传统手工业、农村建筑业等工艺创新较慢，新产品较少，难以适应农村一、二、三产业融合发展，农村旅、文融合发展的需要，对休闲农业和乡村旅游等新产业新业态的发展支撑也有所不足。同时，农村运输业、农村商业等领域的信息技术应用明显滞后，对农村电商等"互联网＋"农业新模式的发展培育支撑不足。

三是休闲农业和乡村旅游、"互联网＋"农业等农村新产业、新业态、新模式的培育比较落后。休闲农业和乡村旅游的总体发展水平较低，特别是中高端乡村休闲旅游产品，体现出供给不足的问题，并且发展模式过于单一，此外还存在管理服务规范性差、硬件设施建设落后、从业人员素质不高等问题，更重要的是，对文化的挖掘和传承没有做到位。"互联网＋农业"的顶层设计不够完善，存在盲目发展的问题，不能充分发挥其价值。同时，尽管互联网技术越来越发达，互联网普及程度越来越高，但农村的经济条件毕竟相对较差，所以农村地区的互联网信息技术设施比较薄弱，这就导致新兴的信息技术要想实现跟农业品生产、销售等环节的深度融合，需要较长的时间。以科技信息、金融保险、仓储物流、疾病防治等为内容的农业生产性服务业发展滞后，贯穿农业生产全过程的服务体系不健全。此外，田园综合体、农业公园等发展潜力也没有充分释放出来。

（二）乡村产业振兴的基本思路

围绕农业多元化功能拓展和农村发展活力释放，以加快农业现代化和推动农村产业深度融合为重点，以农业供给侧结构性改革为主线，从建立并完善现代农业产业、生产和经营三大体系出发，加强对农业生产力、农业装备和信息化水平的提升，将小农户生产和现代农业发展进行衔接，有效提升农业创新力和竞争力，从而更快实现农业的现代化发展。另外，对于农村生产力布局，要进行合理的设计和优化，创建一种农村产业发展的新模式，培育新产业和新业态、挖掘新功能和新价值，促进农村一、二、三产业深度融合发展，提高农民参与程度，创新收益分享模式，激发农村创新创业活力，并建立较为完善的紧密型利益联结机制，使农民们可以分享更多产业融合发展所产生的收益。

三、乡村产业振兴策略分析

（一）构建强农业体系

要想衡量农业竞争力或者农业体系的强弱，可以从国际和国内两个方面入手。在开放性的经济体系中，农业的国际竞争力一般是指一个国家在国际市场上出售本国农业产品的能力，或者说，在国际市场上保持农产品贸易顺差的能力。农业的国内竞争力是指农业作为第一产业，在跟第二和第三产业竞争的过程中，保持自身地位的能力。如果某个国家的农业在国际上处于比较有利的地位，或者某个地区的农业在国内处于比较有利的地位，那么就可以认为这个国家或地区的农业有着较大的竞争优势，其相应的农业体系一般也是比较强大和完善的。

无论是从国际的层面来看，还是和国内第二、第三产业相比较，都可以发现，我国的农业并不占据优势，其竞争力较弱。从国际的层面来看，近些年来，我国的大米、小麦的生产者价格快速上升，明显要比国际市场价格高，这跟国际市场的价格走向是背道而驰的。玉米的价格经过了国家相关政策的调整，稍微降低，但是仍比国际市场价格要高。在国际市场上，我国以粮食为代表的农产品并没有什么竞争力，这导致大量的国外农产品流入中国，出现了"洋粮入市、国粮入库"的现象。几年前，在国际市场竞争对手的冲击之下，我国的大豆已经彻底失去竞争优势。此外，还有猪肉、牛肉等农产品也缺乏竞争优势，大量从外进口。从国内的层面来看，利用产业增加值和不同产业就业人口数据，可以算出，第一产业的劳动生产率增长了不足 10 倍，而在过去的 50 多年里，第二、三产业的劳动生产率增长了 20 多倍，是农业部门劳动生产率提高的 2 倍多。而且在进入 21 世纪之后，城镇居民的人均可支配收入一直是农村居民人均纯收入的三倍左右。考虑工资性收入在纯收入中的占比已经超过 40%，是农民最主要的收入来源，而且"纯收入"的统计口径又比"可支配收入"大，这足以说明，农业生产的回报率要远远低于第二、三产业。

我国农业竞争力较弱的另一个表现就是农村产业经营成本较高，而收益较低。近些年来，农业生产的成本越来越高，对农业生产的稳定性造成了损害，并且也影响了农业经营的效益。自 2004 年以来，稻谷、小麦、玉米三种粮食的生产成本持续快速提升，甚至出现了"三级跳"的现象。而造成粮食生产成本快速提升的主要因素就是人工成本和土地成本的升高。这表明，农业经营所得的利润不断被快速增长的生产成本所蚕食。21 世纪以来，我国第一次出现了"种地赔钱"的现象，这使得农村经济发展遭到了很大的打击。并且，除了三大主粮外，其他如大豆、油菜籽、棉花等农产品都出现了负利润的现象，并且持续了很多年。当人们认为经营农业不赚钱，甚至还要赔钱的情况下，耕地抛荒的现象就越来越多，并且有着愈演愈烈的趋势。与此同时，高生产成本使得粮食的市场价格越来越高，导致国内的粮食价格逼近甚至高于国际粮食的进口到岸完税价格，进而造成农民卖粮难的问题，使得农民的农业生产积极性大受打击，严重阻碍了农村经济的发展。

农业经营收益低，尤其是种植经济作物的农民获得的收益低，也和经营规模小、组织化程度低、流通环节多和产后损耗大有关系。

十九大报告提出了实现乡村振兴的重要措施，即构建现代农业产业体系、生产体系、经营体系。必须构建一个完善的、强有力的农业体系，才能提高农民的农业经营收入，提升农业在国际上以及在国内的竞争力，进而才有望实现乡村振兴。这要求以现代农业产业体系、生产体系的建设来促进农业生产力水平以及生产效率的提升，并以经营体系建设来推动农业资源组织方式和经营模式的创新。

要想实现强有力的农业体系的构建，首先需要协调推进现代农业产业体系、生产体系、经营体系建设，与此同时，还要建立并完善农业支持保护制度，积极培育农业大户和家庭农场，建立农民合作社、农业企业等新的农业经营主体，从而使农业社会化服务体系逐渐完善、健全，促进小农户和现代农业的有效衔接。

在所有产业之中，农业属于弱势产业，农民则属于弱势群体，这是毋庸置疑的。世界范围内比较通行的做法就是加强对农村农业的补贴。所以，在现代农业体系的组成中，不仅有农业产业体系、生产体系和经营体系，还包括了支持保护体系、支撑服务体系等。同时还要把握住农村一、二、三产业深度融合发展的趋势，以"质量兴农、绿色兴农、品牌兴农"为原则，积极构建现代农业体系，促进农业转型升级，不断壮大农村产业，激发农村创新创业的活力，实现农民生活富裕，为早日全面实现乡村振兴战略提供牢靠的物质支撑。

一是以农业供给侧结构性改革为主线，不断提升农业现代化发展的速度。秉持质量兴农、品牌兴农的理念和原则，注重对耕地的保护，建立完善的粮食安全保障机制。在此基础上，改善农业生产力空间布局，促进农业结构的调整，夯实农业生产能力，提高农业科技创新及转化应用水平，加快培育特色优势产业、农业品牌，提升农产品价值；巩固和完善农村基本经营制度，构建家庭、集体、合作组织、企业等共同发展的新型农业经营体系，壮大家庭农场、农民专业合作社、农林产业化龙头企业等经营主体，发展适度规模经营；积极引导小农户生产进入现代农业发展体系，鼓励新型农业经营主体与小农户开展深度合作经营，加快完善多种形式的契约型、股权型等利益联结机制，创新融合模式，推动农村一、二、三产业深度融合，探索多元化、混合型的现代农业发展道路。

二是以优化升级为导向，推动农村传统非农产业转型发展。实施农产品加工业提升行动，加强农产品加工技术继承基底的建设和改造，并升级一批农产品精深加工示范基底，提高产业集中度和精深加工能力，推动农产品加工业转型升级；结合休闲农业和乡村旅游发展需要，打造升级一批美丽乡村、休闲农庄（园）、乡村民宿、森林人家、康养基地、农村"星创天地"等精品工程，引领乡村建筑业转型发展；实施电子商务进农村综合示范项目，加强农商互联，推动农产品流通企业与新型农业经营主体对接，发展农超、农社、农企、农校等产销对接的新型流通业态，倒逼农村运输业、农村商业转型发展；围绕乡村旅游发展需求，振兴传统手工艺，培育发展一批家庭工场、手工作坊、乡村车间等，打造民族特色手工商品品牌，满足国内外市场消费的新需求，持续增加农民收入。

三是以就地就近的就业、创业为导向，大力培育新产业、新业态、新模式、新载体。大力发展休闲农业和乡村旅游，顺应城乡居民消费升级需求，拓展农业农村的休闲观光、生态涵养等多元功能，实施精品工程，推动要素跨界配置和产业融合发展，增加乡村生态产品、乡村旅游服务等供给；培育壮大农村电子商务，完善农产品进城和城市商品下乡的渠道和标准；升级现代农业产业园、农业科技园区、农产品加工园、农村产业融合发展示范园等平台载体，发展集科技、人文等元素为一体的共享经济等新业态，促进新产业、新业态等多模式融合发展；发展"一站式"农业生产性服务业，构建适应农业现代化发展的新型农业社会化服务体系；培育一批"农字号"特色小镇、一批特色商贸小镇，推动田园综合体试点建设和农业循环经济试点示范；加快培育农商产业联盟、农业产业化联合体等，延伸产业链、提升价值链，探索形成产、加、销一体的全产业链集群发展格局。

（二）延展农业产业链

要想实现乡村振兴的目标，就要实现产业兴旺，这是乡村振兴的重要基础。乡村振兴的主要目的是让农民致富，改善农民的生活质量，而要想让农民实现生活富裕，最关键的就是要实现农业增收、农民增收。农民增收跟农业增收是息息相关的，跟产业发展也有着密切的联系。只有产业兴旺，农民才能增收，才能富裕，乡村才能振兴。所以，党的十九大报告中明确指出，"产业兴旺"是乡村振兴五个总要求的第一个。

长远来看，生产力水平的提高是农业进步的根本。但是，生产关系一旦进行调整，也会释放一定的农业发展潜能，从而能够为下一次农业生产力的提升做好铺垫。例如，中国家庭联产承包责任制的施行，使得大部分的经济发展潜能被释放出来，这给后续的城市和工业改革提供了强大的助力。而且通过农业科技来反映的农业生产力水平，是一个长期积累地从量变到质变的过程，在短时间内，一般不能取得较大的突破，对产业兴旺和乡村振兴在潜移默化中发展作用，因此，立足于生产关系，注重对农业经营模式的调整，使其功能不断拓展，才是一个可行的策略。农业产业具有一定的特殊性，要想实现产业的快速发展，一般有三种方式：第一种，在单位产值不变的情况下，适当扩大单个主体的经营规模，目的是增加经营收益，这一模式在美国比较受重视；第二种，在保持原有经营规模的前提下，适当改变耕地用途，改种那些具有较高经济价值的农作物，或者开辟新的农产品销售渠道，提高单位经营面积的市场价值，这一模式在荷兰比较受欢迎；第三种，保持原有的经营规模，同时，也不改变耕地的用途，仍旧种植原来的农作物，在此前提下，通过充分挖掘和借助农业的多功能性，延长农业产业链条，并向二、三产业特别是文化旅游产业方面进行拓展，这种模式一般在中国大陆大城市周边比较常见。

近些年来，农业生产成本不断提升，而农产品的价格持续走低，这导致农业经营利润大大降低，甚至在 2016 年，出现农业经营亏损的现象。当农民们意识到"种地赔钱"这一问题时，其耕作的积极性便大大降低，土地流传出现明显降温。2016 年全国土地流转面积为 4.71 亿亩，占家庭承包耕地面积的比重为 35.1%，仅比 2015 年提高 1.8 %，远低于 2012 年—2014 年 4 % 以上的年均增速，有很多农民不愿意再通过耕种来获取收益，纷纷将土地出租，但是却很少有人承包。总而言之，现在的土地流转市场属于买方市场，即想要出租土地的农户有很多，但是愿意租地进行规模农业经营的农户却很少，有很多农户表示，不想长期进行农业生产。这就说明，要想通过扩大单个主体的经营规模这种方式来发展农业，是很难进行的。另外，农业结构性供给侧改革，虽然是为推动农业发展提供了政策契机，但是，农产品的品种终究是有限的，而且农产品对生长条件的要求较高，很多农产品只能在某些地区种植。因此，要想通过调整种植结构，或者改变土地用途这类方式来提高单位经营面积的市场价值是比较困难的，这种方式并不适合多数农作物，只能在个别地区以及少数农作物品种之间施行。

通过以上论述可知，无论是通过扩大农业经营规模来发展农业，还是通过调整种植结构来提高农业单位经营面积的市场价值，都是有相当难度的，可行性较低，那么就可以适当尝试通过延长农业产业链，促进产业兴旺、实现农民增收。所谓农业产业链，就是农业产品的产业链，是指农产品从原料、加工、生产到销售的各个环节的关联。延长农业产业链就是把原本农业从侧重农产品生产，向上游的原料供应、科技服务方向上拓展，或者向农产品加工、销售等环节上拓展。随着时代的发展，农民的市场化意识也越来越强，有很多村庄或农民合作社开始不断延长农业产业链，取得了不错的成效。

　　在盈利能力以及发展空间的影响之下，通过延长农业产业链带来的收益很容易被市场价格的"天花板"所限制，因此其发展潜力是十分有限的。为了使农村资源资产的优势得以充分发挥，真正实现农村产业的兴旺，除了延长农业产业链之外，还有很多地方立足于农业的多功能性，借鉴产业融合这一思路，以多种方式来加强农业产业链的拓展。

　　《新水浒传》上映后得到了很多观众的喜爱，而这部电视剧的拍摄地点之一就是山东东平县南堂子村。为了促进本地旅游业的发展，自2014年以来，南堂子村采取"固定土地股、变动户口股"这一模式，成立了土地股份合作社，通过银行贷款，在村庄开展旅游开发。并且为了调动各方参与旅游建设开发的积极性，南堂子村建立了兼顾土地、户口和劳动贡献的收益分配机制。2017年年底，南堂子村的门票和鲜果采摘收入大幅度增长，合作社的年盈余达到了50万元，更重要的是，给本村以及周围村庄提供了4000多个就业岗位。

　　需要强调的一点是，延长农业产业链和拓展农业产业链，二者并不是相互对立或者相互分割的，而是彼此融合的。有很多农村为了促进农业产业发展，提高收益，一方面通过各种有效的手段，致力于延长农业产业链，另一方面积极发展跟农业相关的其他产业，通过多样化、跨领域的经营，促进了农民增收，实现了产业兴旺。以山东平度市杨家顶子村为例，2007年，在村主任杨某的带领下，村民们展开下订单种植大葱这一模式，从这一年开始，一直到2017年，该合作社已发展蔬菜种苗繁育及种植基地2000余亩，并发展成为葱苗及有关农资提供、大葱规模化种植、大葱种植技术指导、大葱统一销售的全产业链综合服务平台。尽管新的农业发展模式取得了较大的成功，但杨家顶子村并没有因此止步，该村还成立了农民合作社，主要目的是承接政府扶贫项目资金以及其他跟农业相关的项目。如今，杨家顶子村的现代设施农业有着良好的发展势头，再加上当地风景秀美，已经成为重要的乡村休闲旅游基地，有很多餐饮服务公司入驻园区，成为当地以产业推动乡村振兴的典型。除此之外，也有很多地方利用自身独特的优势，比如利用优美的自然环境，来招商引资，大力发展乡村休闲旅游业，从而实现乡村振兴。

（三）实现小农户与现代农业发展有机衔接

对于农业产业发展，十九大提出了"实现小农户和现代农业发展有机衔接"的重要战略。要想真正落实党中央的要求，尽快实现小农户跟现代农业发展的对接，首先需要了解中国小农户，对其内涵和特征有基本的了解。目前来看，中国小农户有以下两个比较突出的特点：

第一，农户数量较多，但是农业经营的规模较小。正因为土地经营的规模较小，所以我们常把普通农户称作为小农户。原农业部的相关数据显示，到2016年底，在全国2.68亿农户中的，有2.11亿户经营耕地面积不足10亩（不含未经营耕地的0.19亿农户）。中国农业生产的最基本特征之一，仍旧是小农户分散生产。世界银行在2008年世界发展报告中将经营土地面积小于2公顷（30亩）的农户界定为小农户。如果按照这一标准，中国小农户的比例高达89.1%。

第二，农户兼业程度高，并且分层分化比较明显。由于土地规模相对较小，加上农业经营效益低，在20世纪末，城乡壁垒被打破之后，农户兼业逐渐流行起来。国家统计局数据显示，2017年，我国农民工数量增长至2.86亿人，可以说基本上每一个农民家庭中都有人外出打工谋生。从职业以及收入来源的方面来看，小农户也体现出较为明显的阶层差异。据原农业部的监测数据可知，2016年仅有12.8%的农户的农业收入多于非农收入，比2003年降低21.5%；非农收入占比超过八成的农户比例高达64.0%，比2003年提高30.7%。这一数据说明，对于大多数小农户而言，最重要的收入已经不再是农业收入，农业不再是其唯一的谋生之路。一些地方立足于小农业的发展现状，对农业进行转型升级，创新小农户和现代农业发展的衔接机制，从而将传统小农生产引入现代农业发展的轨道上。

1.加快小农户的横向联合

现代农业发展对土地、资金等方面有着较高的要求，尤其是需要大规模的土地，但是在目前，这些土地主要由小农户承包经营。为了解决这一问题，尽可能地满足现代农业发展的需求，一些地方在加强农村集体产权制度改革、培育新型农业经营主体的过程中，通过收益共享、风险共担的策略与原则，将分散的小农户组织起来，共同组建股份经济合作社，从而建立一个联系密切的利益共同体，以促进现代农业的发展。

（1）建立股份经济合作社，引导小农户以土地或者资金入股。一个典型的例子是，山东省枣庄市北池村在政府的组织和扶持下，成立了股份经济合作社，将全村的资源性资产折股量化给全村 401 户 1486 人，并说服参股人员，每人出资 500 元，加上扶持基金，建设了占地 5 亩的农业设施、工业产房等，并且设施和厂房出租收益按照持股比例进行分配，股东年分红 100 元。这一策略有效实现了农村改革和农户增收的联动。

（2）支持小农户联合起来，紧密协作，成立农民专业合作社。在加强小农户利益联结以及推动现代农业发展方面，很多农村地区都采取了培育农民专业合作社、保证其规范化运行的策略。比较典型的是安徽宿州市，该地对以种植和养殖为主的农户予以大力支持，将这些农户联合起来，通过"集体行动"的形式和策略，提升其在市场上的竞争力。目前，宿州市已经成功培育了一万多家农业合作社，并进一步推进了示范性建设，使得传统的"一家一户、单打独斗"这种农业生产经营模式被打破，初步实现了小农户联合起来闯荡市场的新局面。尽管农民专业合作社跟外围成员之间的利益联结相对来说有些松散，但是一些农业经营收入占家庭总收入比重较大的种植和养殖用户，借助于向合作社出资、参与合作社管理等多种方式，跟其他核心成员已经建立了比较密切的合作关系。

（3）实行经营收益的二次分红，加强小农户跟其他各方面的利益联结。比较典型的是四川省崇州市，该市有 226 个土地股份合作社，这些合作社经营者全县一半以上的耕地。其中，大部分土地股份合作社都是根据政府的要求或者指导，以"保底收益＋二次分红"的方式来进行盈余分配。在这方面有着突出表现的当数崇州市集贤乡涌泉土地股份合作社，他们除了每年给入社农户支付每亩 720 元的保底租金之外，还将合作社盈余的 30% 分红按照入社比例土地分发给农户。

2. 促进各类经营主体与小农户纵向合作

在农村改革的过程中，为了充分调动各种资源，尽可能降低生产的监督管理成本，各个试验区根据市场经济中风险和收益相匹配的原则，加强对农业生产经营组织形式的创新和优化，构建了超额奖励、农业共营等制度，使得小农户和其他经营主体之间的利益联结更加稳固和深化。

（1）通过"超额奖励"这种制度和形式，构建有效的激励机制，从而使劳动和资本的积极性得以充分调动。比较典型的例子就是四川省内江市市中区洪家寺村，该村的 6 位村民拥有技术、资金以及销售渠道，因此他们联合出资 200 万元，注册成立了"蓬瑞种植合作社"，在村集体的组织和支持下，该合作社带动 168 户农民将约 219333 平方米土地以及种植的柑橘进行入股，由合作社进行统一管理。在农闲期间，农户可以在合作社务工，并且，可以承包一块土地，在柑橘树下种植生姜。承包农户每年需要向合作社交 1750 公斤的生姜，如果超产，那么合作社将以市场价收购超产的生姜，并将盈余的 70% 分配给承包农户。不仅如此，对于承包土地种植生姜的农户，合作社还向其支付每亩 1050 元的人工费，并且还免费给农户提供相关的技术服务。这一系列措施有效实现了农业的规模化经营，促进了集体经济的壮大，使农民距离勤劳致富的目标越来越近。

（2）通过"统种分管制"，农户的劳动力优势以及农业企业的加工销售优势得以充分发挥。典型的例子是宁夏平罗县，目前，宁夏平罗县已经有 7 家新型主体在 7300 多亩耕地实行了"统种分管"模式。2016 年，平罗宁禾谷米业公司首先开展"统种分管"这一模式，其具体做法如下：首先，相关农户需要按照公司的协议，在某块地上种植指定的水稻品种，并以低于市场价 10% 左右的价格为农户们采购农资，以及购买农机服务；其次，水稻种植过程中，需要人工较多的环节，比如田间水管理、病虫害防治等，由相应的承包用户自己负责；最后，承包地所种植的达到一定标准的稻谷，公司以高于市场价的价格进行回收，并按照耕地面积，扣除在生产过程中为农户垫付的各种费用。通过以上一系列措施，企业能够拥有比较稳定的生产基地，农户则大大降低了水稻种植的成本，其生产劳作也比以前更加轻松，并且只要农产品的质量达到一定标准，就能够找到较好的销路。总而言之，利用这种模式，无论是企业还是农户，都能充分利用自己所掌握的资源，充分发挥自身所具备的优势，只要付出，就能够得到丰厚的回报，这使得企业和农户之间的合作积极性越来越高。

（3）通过"农业共营制"，把由抱团经营所得到的增量收益，合理分配给小农户、专业大户、农业企业等主体。典型的例子是四川省崇州市白头镇，该镇的610户农户以1740亩承包地经营权作为优先股，四川润地远大生态农业公司则以技术和生产投入入股，占股为60%，农户和企业联合起来组建新的农业公司。公司经营所获得的纯收入，除了向农户支付土地优先股收益，剩余部分按2：8的比例在土地股份合作社和润地远大生态农业公司中二次分红。土地股份合作社收到的二次分红，再按照2：3：5的比例，提取公积金、发放给土地入社农户和给予合作社职业经理人（专业大户）奖励。

3. 推动各类服务主体与小农户紧密协作

为了促进现代农业的发展和进步，使技术、资金以及市场信息等要素向农村倾斜，农村改革试验区开始强调充分发挥各类组织的中介作用，加强对各种经营性和公益性服务主体的引导，促使其创新服务方式，加强小农业跟农业社会化服务主体之间在利益方面的联系，从而有效形成现代农业发展的合力，让现代农业迈上一个新的台阶。

（1）采取有效的措施，加强组织模式的创新，使营利性服务主体跟小农户之间在利益方面的联系得到进一步的加强。比较典型的例子是，山东省枣庄市利用农业生产托管，一方面很快实现了区域农业的规模化、集约化经营；另一方面，有效提升了营利性服务主体以及小农户的经济收益。山东枣庄市所采取的一系列做法颇有借鉴意义，例如：有的村民放弃了耕种，选择去外地打工，但是他们不愿意把自己的土地流转出去，对于这部分小农户，鼓励他们将农作物生产的一个或几个环节交给专门的服务主体去负责，并支付相应的费用，在收获约定的产量之后，这部分小农户再跟服务主体分享超产部分的收益。还有山西朔州市，利用"套餐式、增益型"农业生产托管和粮食银行，将分散经营的小农户和农资供应、农机服务、粮食销售加工等产业链中的各市场主体进行整合，一来可以充分发挥供货渠道优势，降低农业生产成本；二来可以种植优质品种，尽可能地减少粮食流通的环节，从而让小农户粮食销售的价格得以提升。"降低成本"和"提升价格"的各种措施，使得小农户在内的产业链上的各类主体的农业经营收益得到充分的保障。

（2）利用农民专业合作社、土地股份合作社等农民合作组织，使公益性服务主体给予小农户更多的帮助。为了促进当地农业产业发展，黑龙江省克山县开展了农业科技推广的"一带三"工程，其具体含义是，全县的农技农艺人员，每人负责联系三个合作社，每个合作社则负责联系300个示范户，并且每个示范户负责联系三个普通户，这就是所谓的"一带三"。通过"科技包保"的方式，加强对农业新技术的推广，尽可能地提升主栽作物和主推技术的入户率，从而让小农户能够借助现代科技提升农作物产量，实现增收。比较典型的例子是四川崇州市，该市建立了农业培训导师的制度，在全市范围内，对土地股份合作社的职业经理人进行一对一指导，然后职业经理人在掌握相关知识和技术后，再对普通农户进行指导，目的是让普通农户了解现代农业的生产知识，并掌握相关的生产技能，这对提升其劳作效率和农作物产量有着重要的意义。不仅如此，该市还由政府、供销社和农业企业联合出资，建成了10个"农业服务超市"，其主要作用就是给小农户提供农资、农机等服务，并免费提供农业技术咨询服务。

4. 发展农业农村服务业

一方面，市场化浪潮愈演愈烈，已经从工业向农业渗透，并且从城镇向农村延伸，在这样的趋势下，市场所提倡的专业分工理念，开始逐渐被社会各界所认同和接受；另一方面，随着社会的发展，集体经济组织开始逐渐涣散，不能发挥其原有的作用，农民的组织化程度也逐渐降低，与此同时，随着城市化进程的加快，大量的农村青年放弃耕种，开始到城市里谋生，劳动力的流失导致农业副业化、老龄化越来越严重。可见，时代的车轮滚滚向前，小农户的生产生活如今正面临着一个重要的历史性转折。现如今，在农业生产方面，我们面临的一个最重要问题就是，由谁给大量兼业的小农户提供基本的生产生活服务。在这样的形势下，很多地方选择加强农业农村服务业的发展力度，通过服务的专业化，解决小农户一家一户干不了、干不好的问题，从而有效推动农业农村的现代化发展，实现乡村振兴。

（1）农业生产性服务业

国际上的一些相关经验表明，农业的根本出路就是发展农业生产性服务业，这对解决农业劳动力老龄化、非农化等问题具有重要的意义，同时，也有助于促进农业现代化的发展。农业生产性服务业是现代农业产业体系的重要组成部分，主要是通过提供农业生产性服务，给农业提供中间投入，目的是为科技、人才、资金、信息等要素投入农业产业链提供可靠的途径，从而有效提升农业作业效率，提升农业价值。

加大力度发展农业生产性服务业，可以说是促进农业发展方式转变的有效途径。从2009年到2018年发布的中央一号文件中，多次提出要从财政、金融等方面来加强对农民合作社发展的帮助与扶持，大力支持农业机械的应用，支持新型农业服务主体开展代耕代种、土地托管等专业化规模化服务。

一方面是农业发展转型的实践需要，另一方面是国家的重视，使得农业生产性服务业得到了非常迅速的发展。以专门为农业生产提供服务的农机合作社为例，2007年，其数量不足0.5万个，而到了2017年，数量已经增长至7万个，并且这些农机合作者给小农户提供现代农机作业服务的能力大幅度增强。目前，它们已经是推动农业专业化发展的主要力量，还是农业适度规模经营的推进器，也有效促进了小农业与现代农业发展之间的有机衔接。农业农村部的相关资料表明，一方面，农机合作社的服务领域不断拓展，其服务能力也在不断地提升，并且农机作业服务不只限于耕、种、收，在此基础上，向专业化植保、秸秆处理等农业生产的整个过程延伸。还有一些实力比较雄厚、实践经验比较丰富的农机合作社，已经升级为综合农事服务中心，给附近的农户提供机器维修、农资统购、培训咨询等综合服务。另一方面，农机合作社通过土地入股、土地托管、承包经营等方式，加强机械化与多种形式的适度规模经营之间的融合，这一举措有效扩大了经营规模，提升了经营效益，让农民得到了更多收益。

农业生产托管是农业生产性服务中一个非常重要的领域，在农业机械化发展的趋势下，农业生产托管得到了迅速发展。所谓农业生产托管，就是农户在保有承包经营权的前提下，把土地耕、种、管、收等环节的任务交给相应的服务主体进行托管，而该服务主体则通过提供全方位、高标准的农业生产服务对农户的土地进行统一管理和规模化经营。与土地集中型规模经营相比较，服务带动型规模经营有几个比较明显的优势：第一，经营者不必向农户支付土地租金，反而农户需要向经营者支付一定的作业服务费；第二，土地的规模经营有一定的自然风险和市场风险，但是这些风险仍旧是小农户分散承担，这可以在很大程度上避免农业风险过度集中的问题，从而提升农业规模经营的稳定性；第三，尽管将土地托管出去，但是土地的承包经营权仍旧在农户手中，这满足了农民的恋土情节，与此同时，还能保留农村土地的"劳动力蓄水池"的作用，从而避免因为经济波动而产生没有土地、没有工作的流民。除了开展经营性生产服务之外，有很多农机合作社还开展了农村扶贫、绿色生产技术示范等公益性服务，目的是给一些困难农户提供先进、优惠的农机作业服务，帮助他们尽快实现脱贫致富。

无论是农产品的销售，还是农用物资的采购，小农户分散经营都很难跟社会化大市场进行有效对接。所以，为了让小农户能够专心从事农业生产，诞生了一个新的职业角色，即专门负责农产品入市和农资下乡的农村经纪人。根据工商部门的统计，截至目前，我国大概有几百万个农村经纪人，他们分布在农、林、牧、渔等各个行业中，他们给小农户销售农产品以及采购农资提供了巨大的帮助。近些年来，一些地方还出现了农村土地流转服务平台和土地流转经纪人，其主要作用就是处理小农户和规模经营主体土地流转方面的事务。截至目前，我国已有上万个土地流转服务平台以及10万个土地流转经纪人。这些平台和经纪人有效解决了农民与租田大户之间的信任问题，使得土地流转的难度降低，效率提升，更重要的是，他们的存在使得土地流转契约的稳定性大大提升，从而有效促进了农村土地的跨区域流转。

除此之外，随着规模化养殖、种植农户增多，农村还出现了很多新的专业服务组织，如抓鸭队、植保队、茶叶棉花采摘队等，这些新的服务组织，在促进现代农业发展方面同样起到了非常重要的作用。

（2）农村生活性服务业

随着农业产业的发展，农民的收入水平显著提升，这促进了农村服务业的发展，再加上农村人口老龄化的问题日益明显，催生了农村休闲养老、农村婚丧嫁娶、农村快递等一系列跟农村居民生活息息相关的生活性服务业。比较典型的例子当数宁夏回族自治区平罗县，该县在村里建立了养老院，发展养老产业。到了一定年纪的农民，可以凭借土地退出补偿、土地流转收益来支付自己的养老费用。这一举措在一定程度上解决了农民养老问题，使老年农民的获得感大大增强，更重要的是，促进了农村的经济发展。山东东平县也在推行集体资源资产股份合作制的同时，利用集体资源资产出租、入股收益和政府扶贫专项资金，通过年轻的帮年老的这种"互助养老"模式，在农村发展养老产业。在很多地方，农村的婚丧嫁娶已经交由专门的红白喜事服务队来完成，农户只需要按标准付费，摆酒席、出殡等事务都不需要花费心思。在浙江、安徽、河南等地，还出现了专门用于供放骨灰的安息堂，在缴纳一定费用后，亲属骨灰可以长期存放其中。

农产品进城和工业品下乡是乡村产业兴旺的内在要求。目前，一些电商正在积极建设县、乡、村三级线下运营体系。例如，阿里巴巴集团2014年提出"农村淘宝计划"，打算以电商平台为基础，带动工业品下乡和农产品进城，并提出"千县万村"计划，要在3~5年投资100亿元，建立1000个县级运营中心和10万个村级服务站。至2015年底，已建成县级服务中心202个、村级服务站9278个。此外，京东、苏宁、汇通达等企业也在积极布局农村电商产业。以汇通达为例，目前已经覆盖全国18个省份、1.5万多个乡镇，累计发展并服务8万多家乡镇夫妻店（汇通达会员店），服务网络覆盖至6700万户农民家庭，涉及2亿农村人口。

在一些自然条件优渥、风光秀美的村庄中，还出现了一些面向城镇居民的休闲旅游产业。比如，河南省济源市花石村充分利用自身的生态环境优势和交通优势，多方筹措资金，组建了股份经济合作社，并租赁村里的土地，建设了"南山森林公园滑雪场"。该滑雪场由于地理区位好，并且有着优美的自然环境，再加上项目适宜，吸引了大量的游客，2015年单月的经营收入最高达到了115万元。在2016年的4月份，该合作社决定建立"水上乐园"，村民们已经见证了滑雪场项目的成功，于是对于"水上乐园"项目也十分看好，积极要求入股，最终，全村的 97 户农户成为第二个项目的股东。该合作社通过冬季滑雪、夏季玩水的项目措施，收获了大量的营业额，给当地农民带来了巨大的经济收益。

第二节 乡村人才振兴

人才振兴是乡村振兴的关键所在。无论是产业发展还是乡村建设，农业农村人才队伍都是支撑乡村振兴的根本基础，在推动乡村发展过程中具有重要作用。要想实现乡村的人才振兴，就要凝集乡村发展的"人气"，激发乡村现有的人才活力，并吸引更多的城市人才，使其走进农村开展创新创业，从而使乡村发展的活力得以全面激发。

一、乡村人才的内涵及类别

乡村人才不仅仅限于狭义上的农村本地人力资源，广义上讲，乡村人才应该包括能在农村广阔天地大施所能、大展才华、大显身手的各类人力资源。从人才来源看，乡村人才主要包括农村本土人才、返乡创业人才（返乡农民工、大中专毕业生、退伍军人等）、城市下乡人才、驻村干部和大学生村官等。我们认为，可以重点从乡村人才的领域类别来分析乡村人才的内涵和特征。

从人才类别看，乡村人才主要有两个类别：一个是农村实用人才，一个是农业科技人才。所谓农村实用人才，就是指具有相应的知识和技能，可以为农业生产经营相关的事业提供服务的农村劳动者。农村实用人才主要包括六类：一是生产型人才，指在种植、养殖、捕捞、加工等领域有一定示范带动效应、帮助农民增收致富的生产能手，如"土专家""田秀才"和专业大户、家庭农场主等；二是经营型人才，指从事农业经营、农民合作组织、农村经济等生产经营活动的农村劳动者，如农民专业合作社负责人、农业生产服务人才、农村经纪人等；三是专业型人才，指农村教育、农村医疗等农村公共服务领域的专业技术人员，如农村教师、农村卫生技术人员等；四是技能型人才，指具有制造业、加工业、建筑业、服务业等方面特长和技能的带动型实用人才，如铁匠、木匠、泥匠、石匠等手工业者；五是服务型人才，指在农村文化、体育、就业、社会保障等领域提供服务的各类人才，如文化艺术人才，社会工作人员和金融、电商、农机驾驶及维修等技术服务人员等；六是管理型人才，指在乡村治理、带领农民致富等方面发挥着关键作用的干部和人员，如村两委成员、党组织带头人、驻村干部、大学生村官、乡贤等。

需要特别说明的是，新型职业农民指以农业为职业、具有相应专业技能、收入主要来自农业生产经营并达到相当水平的现代农业从业者。从类别归属看，新型职业农民归属于农村实用人才，其在内涵上则涵盖了生产型、经营型两类，主要包括专业大户、家庭农场、农民合作社、农业社会化服务组织中的从业者。目前全国新型职业农民总量已达到 1500 万人，占农村实用人才的 75%。

农业科技人才则指受过专门教育和职业培训，掌握农业专业知识和技能，专门从事农业科研、教育、推广服务等专业性工作的人员，主要包括农业科研人才、农机人才、农技人才、农业技术推广人才、农村技能服务人才等。目前全国农业科研人才队伍总体规模约 70 万人，且超过半数分布在乡镇和乡镇以下。

二、乡村人才振兴的问题与思路

（一）乡村人才振兴存在的主要问题

这里主要围绕上文梳理的几类乡村人才来源渠道来分析乡村人才振兴存在的主要问题，具体有以下四点：

一是农村"空心化""老龄化"问题严重。改革开放以来，随着工业化、城镇化进程的加快，农村本土人才开始外流，大量农村青壮年劳动力外出务工，其中年龄在 20~50 岁、占村庄总人口比重较大的农村本土人才流失最为严重，而留下的"38""61""99"人员成为农村人力资源的主体，使得乡村人才的年龄结构从"橄榄型"变为"哑铃型"，造成农村村庄"空心化"、农村人口"老龄化"。同时，由于对职业农民培训的方式缺乏创新、培训内容实用性较差等，农村劳动力素质整体偏低。

二是"招人难""用人难""留人难"问题并存。国家支持人才返乡、下乡的政策力度还不够大，"招人难""用人难"等影响返乡下乡创业的问题普遍存在。同时，由于乡村地区缺乏吸引人才的平台和手段，吸引城市各类人才返乡入乡的办法不多、政策不实、平台不够，主动返乡入乡的人才不多，且返乡后也很难留下来。

三是农技推广人才队伍"老化""弱化"现象明显。目前，农技推广人才服务能力明显滞后于农业现代化发展需求，存在人员不足、队伍不稳，年龄老化、结构不优、经费不足、手段滞后，待遇偏低、激励不够，体制不顺、机制不活等问题。

四是人才下沉机制不健全。政策向基层倾斜的人才下沉有效机制尚未建立。乡村教师、乡村医生"流失""错配"现象并存，一方面偏远乡镇的教师、医生流失严重，另一方面城市学校大班制问题突出，而农村教学点三五个学生也要配备1~2名教师。由于村集体经济薄弱，年轻力壮的人往往不愿意担任村两委干部，村两委干部存在难选、难当、难留、待遇低"三难一低"问题，尤其是在中西部地区，村两委干部待遇普遍低于外出务工人员的收入水平。

（二）乡村人才振兴的基本思路

以市场化为导向，实行更加积极、更加开放、更加有效的农村育才、引才、聚才政策和乡村建设激励机制，合理引导工商资本入乡。培育新一代爱农业、懂技术、善经营的新型职业农民，培养以"三农"领域实用专业人才和农业科技人才为主体的工作队伍，鼓励社会各界、各类人才积极投身乡村建设，抓住实施乡村振兴战略的各类商机，大施所能、大展才华、大显身手，带动乡村大众创业万众创新，培育农村发展新动能，提升农业价值、集聚农村"人气"、提高农民收入，逐步破解乡村振兴的人才制约难题，全面激发"三农"发展的活力动力。

三、乡村人才振兴策略分析

（一）加强农村专业人才队伍建设

为了加强农村专业人才队伍的建设，国家进行了宏观工作的部署，要尽快构建县域专业人才统筹使用的制度，使农村专业人才服务保障能力得以提升。推动人才管理的职能部门适当放权，使基层用人主体的自主权得到充分保障。实行乡村教师县管校聘制度。落实特岗教师计划，落实边远贫困地区、边疆民族地区和革命老区人才支持计划等，并面向高校毕业生，实施基层成长计划。另外，倡导地方高校或者职业院校，利用当地的教育资源，根据当地农业的发展需求，增设相关的专业，不断吸取先进的经验，创新和优化人才培养模式，争取为乡村振兴培养一批又一批具有较高专业能力的人才。

所谓农村专业人才，就是指以农业为主要职业的，具有一定专业知识和较强专业技能的现代农业从业者。其中，有一部分农村专业人才属于新型职业农民，如职业经理人、经纪人等，他们在社会化服务组织中，直接从事产前、产中以及产后的服务工作；另外，还有生产经营类型的职业农民，比如非物质文化遗产传承人等，他们以农业为主要职业，同时占有一定的资源，掌握着一定的专业技能。从整体的角度来说，专业人才队伍建设可以跟新型职业农民培育进行有机结合，从教育培训和队伍管理方面着手，能够取得不错的效果。

1. 建立教育培训制度

从事农业劳作的农民是中国农业生产经营主体的重要组成部分，务农农民是否具备一定的科学文化素质，是否掌握一定的知识和技能，以及是否具备一定的经营能力，将直接影响农业生产力的水平。因此，加强对农民的职业教育培训，是提升农业生产效益和生产力的重要途径。更重要的是，通过教育培训，可以帮助农民掌握更多专业技术，了解经营管理方面的知识，从而提升其工作能力，使其适应现代职业农民岗位的需求，在工作中能够熟练地运用新技术和新成果，有效提升农业生产经营的效率和收益。其中，可以对那些有一定文化基础和生产经营规模的农民进行重点培育，提升其综合素质，逐渐成长为现代农业的生产经营者，进而促进专业人才队伍的不断壮大。

具体来说，农民职业教育培训要因人而异，也就是根据人群的不同进行分类培训。第一，给那些正在从事农业生产劳作的农民提供免费的教育培训。为了达到更好的效果，可以建立中等职业教育免学费制度，并根据就学农民误工、误餐等情况给予适当的补助，并通过落实农学结合弹性学制，开展"送教下乡"的教育模式，借助各种有效的手段，鼓励农民积极参与农科学历教育，争取培养出大量具有农科中高等职业教育水平的新型职业农民，这对提升其务农效率和收益有着重要的意义。另外，还有一些农民因为各种限制，没能参加农科职业教育，对于这类农民，进行免费的、分产业、全生产经营周期的农业系统培训，让他们通过一段时间的学习和实践，提升科技文化素质，提升农业经营能力，发展成为新型职业农民。第二，对于那些从城市返回乡村的农民工，以及回到农村的退伍军人，进行免费的教育和培训，提升其职业技能和经营能力，帮助他们通过农业生产获得更多收益。第三，有一部分农民通过学习已经掌握了一定的专业技能，对于这类人才，要加强再教育，主要目的是，让这类人才不断更新知识和技术，掌握新的管理理念和管理方式，完善其知识体系，使其在市场上有着更大的竞争优势。通过以上措施，可以帮助农民及时了解农业产业相关的政策，掌握农产品市场的变化情况，从而促进农业生产经营效益的稳步提升。

2. 专业人才队伍管理和发展

农业专业人才队伍的建立需要进行严格把关，加强整体队伍的技能水平，提高其生产力。其中，认定管理是培育的重要环节，公平公正、科学合理地对专业人才进行评价，充分发挥专业人才在实施乡村振兴战略中的示范带动作用和支撑作用。

（1）专业人才队伍的管理

专业人才认定主要包含三个方面的内容。第一，专业人才要具备一定的专业技能，如获得相应专业技能证书。第二，专业人才还应具备职业道德，如商品农产品质量过关、无欺骗行为及积极发展农业生产服务。其中，可以将是否按照正规程序注册农产品商标、申请无公害农产品认证、绿色食品认证、有机食品认证或其他符合国家标准的农产品认证作为考核标准之一。第三，专业人才管理还应综合考虑个人的整体水平，如受教育程度、生产经营规模、经营收入等。此外，在认定过程中还应对专业人才进行认定后的动态管理，如对专业人才队伍中发生严重农产品质量安全事故、破坏农业生态资源发生严重污染、侵害农业雇工权益及伤害农户利益的人员进行管理，确保专业人才队伍带动农民发展的作用以及支撑产业发展的作用。

（2）专业人才队伍的发展

支持地方高等学校、职业院校综合利用教育培训资源，灵活设置专业（方向），创新人才培养模式，为乡村振兴培养专业化人才。农村职业教育的基础以义务教育为主体，同时包括普通高中教育和其他学历教育。在培养专业化人才过程中，应大力促进职业教育和普通教育、中等和高等职业教育的协调发展，健全农村专业人才培养平台。此外，推动职业教育和普通教育办学资源的共享和有机衔接。在保证教育质量的条件下，允许中等和高等职业教育学校灵活设置专业及方向，扩大招生群体，并对教学计划大纲、课程安排按照农业实际情况进行总体设计、调整及统筹。如建立健全继续教育制度，支持和鼓励返乡农民工接受职业教育。

实施边远贫困地区、边疆民族地区和革命老区人才支持计划，继续实施"三支一扶"、特岗教师计划等，组织实施高校毕业生基层成长计划。加强对农村经济困难家庭学生接受职业教育培训情况的资助、跟踪管理与服务。通过职业教育系统"培训一人，输出一人，帮扶一家，带动一片"。提高职业教育的社会吸引力，从国家政策上鼓励农村学生优先参加职业学习。同时，以县为单元建设县域职业教育培训网络，把农村文化技术学校与中小学、职业教育学校有机结合。紧密结合农业生产的实际，围绕产业发展，积极探索和创新人才培养模式，分产业、分品种地培养专门人才。最后，积极利用广播、电视、网络等形式，组合资源要素，开展送职教下乡、进村、进社区活动。为边疆民族地区、革命老区培养专业人才，带动当地农业发展。

农村专业人才长期工作在农村，熟悉农业政策，服务农民生活。加强这部分群体队伍的建设，能够为新时代农业发展提供人才支撑，并促进乡村振兴。同时，加强农村专业人才队伍的建设，能够促进农村整体农业生产水平，促进农户了解并合理使用科学技术，生产管理田间作物。此外，加强农村专业人才队伍建设，不仅需要对当前务农农民、返乡农民工、农村退伍军人等进行教育培训，还需要定期对具备一定专业技术的务农农民进行知识体系更新，提高整体务农人群的专业技术水平。

（二）发挥科技人才支撑作用

农业现代化是我国现代化的重要组成部分，随着中国农业现代化进程不断加快，农业生产过程日益专业化、协作化，这对高新技术产生了较高的需求。此外，在农业分工越来越细致、科学及专业的背景下，发展现代农业也需要农业科技人才的支撑。而提高农业现代化水平的关键在于提高农业的生产力，这就更需要发挥农业科技人才在农业生产中的支持作用。其中，农业科技人才是指接受过专门教育和职业培训，掌握农业行业的某一专业知识和技能，专门从事农业科研、教育、推广服务等专业性工作的人员，包括农业科研人才、农业技术推广人才、农村实用人才等。我国农业科技人才的培养，包括农科研究生教育、本科生教育及中高等农业职业教育。

1. 农业科技人才现状

（1）农业科技人才数量

2015年，我国共培训、鉴定44万名农业技能人才，针对150名农业科研杰出人才及其创新团队进行专项经费资助，并组织出国（境）研修。同年，培训80万人次农业科技人员，进行基层农技人员知识更新培训。

（2）农村实用人才

农村实用人才是指在农村有一定的农业专业知识和专门技能，能够在农村经济社会发展中起到示范带头作用，为当地农村经济发展作出积极贡献，并得到群众认可的人。农村实用人才既包括乡村土生土长的实用人才，又包括城镇服务于农村的实用人才，从更广意义上讲还应包括凡是能够直接服务于农村经济社会发展的人才都是农村实用人才。

我国针对农村实用人才实施了多项政策。如农村实用人才带头人培养、农村实用人才创业培训等活动。其中，原农业部先后制定了《农村实用人才带头人示范培训考核管理办法》《农村实用人才带头人和大学生村官示范培训班班主任工作规范》等规章制度，不断提升培训工作的制度化、规范化、科学化水平。培训班以提升理念、开阔思路和增强能力为核心，将培训课程分为经验传授、专题讲座、现场观摩、研讨交流四个教学板块，把新农村建设的生动实践现场作为培训课堂，邀请优秀的基层党组织负责人登上讲台现身说法，逐步探索形成了"村庄是教室、村干部是教师、现场是教材"的培养模式。此外，农业农村部于2008年在全国11个省启动1万名农村实用创业人才培训试点工作。农村实用创业人才培训按照"政府推动、部门监管、学校培训、地方扶持、农民创业"的思路，坚持公平公正、突出实效的原则，根据农民意愿培训，着重在五大产业（种植业、畜牧业、水产业、农产品加工业、农村服务业）开展培训，对学员进行三年的跟踪服务。培训和政策扶持，使学员树立创业理念、增强创业意识、掌握创业技巧、提高创业能力，促进学员提高经营水平、扩大经营规模、领办经济合作组织、创办农业企业，着力培养、造就一批现代农民企业家，为现代农业发展和社会主义新农村建设提供有力的人才保证和智力支持。

2. 发挥科技人才支撑作用

现代农业是"接二连三"、功能多样的农业产业。现代农业的发展，需要拓宽农业技术的范畴，并建立现代农业技术体系；需要在提高土地产出率和劳动生产率的同时，提高要素的利用率以及质量安全。因此，重视科学技术、发挥科技人才在农业产业中的支撑作用至关重要。其中，发挥科学技术在乡村振兴中的支撑作用，不仅取决于科学技术本身的应用效率及其对农业农村的适用性，还取决于科技应用主体对技术进步的适应能力，以及与技术进步、推广应用相关的体制机制的变革。发挥科技人才支撑作用可以从以下几方面入手：

全面建立高等院校、科研院所等事业单位专业技术人员到乡村和企业挂职、兼职和离岗创新创业制度，保障其在职称评定、工资福利、社会保障等方面的权益。探索公益性和经营性农技推广融合发展机制，允许农技人员通过提供增值服务合理取酬。推进科技体制改革，放活科技人员和科技成果，健全种植业等领域科研人员以知识产权明晰为基础、以知识价值为导向的分配政策。深化基层农技推广体系改革，推进公益性农技推广机构与经营性服务组织融合发展，探索提供技术增值服务合理取酬机制。全面实施农技推广服务特聘计划，强化农科教协同推广。提高农业科技人员收入，使其有时间与精力投入科研，提高农业科研成果转化和转让中科研人员的收入分配比例，积极探索科技成果以专利入股等形式参与收益分配。增强农业科研单位和人员与基层农技推广机构、企业、农民之间的合作关系，引导和鼓励科研机构和科技人员更多地向农业生产经营单位和农民服务，更多地开发适用、实用的农业技术，充分利用现代化的信息技术和信息网络转化农业科技成果，提高农业科研成果转化率。

健全种植业等领域科研人员以知识产权明晰为基础、以知识价值为导向的分配政策。培育农业科技成果转化和交易市场，建立健全农业科技成果转化和交易的法律法规体系，规范农业科技成果转化和交易行为，探索新型成果转化和交易模式，为农业科技成果转化及市场交易提供便利条件和措施保障，推进农业科技产业化。此外，依托战略性核心关键技术研究和共享科技研究项目，形成学科之间联合与协作的创新体系和科研平台。以开展战略研究、制定发展规划为导向实施创新基地建设，集中组织实施重大创新项目，创建精干高效的跨学科优秀人才队伍。

深入实施农业科研杰出人才计划和杰出青年农业科学家项目，全面实施农技推广服务特聘计划。2015年，国家实施农技推广"特岗计划"，在13个省招聘特岗农技员1万余名，为基层农技推广队伍补充了新生力量。此外，各地举办人才激励计划。如江苏设立的"种业人才奖励基金"，内蒙古设立的"青年创新基金"，吉林与山东开展的"万名兴农带富之星"。2015年，"农业科教兴村杰出带头人"和"全国杰出农村实用人才"资助项目54人，资助金额为每人5万元。此外，《中等职业学校新型职业农民培养方案》为农民接受中等职业教育提供了方便和保障。

现代化的农业物质装备、科学技术是现代农业的重要标志。同时，科技成为提高农业生产力的重要手段。在农业分工越来越细致、科学及专业的背景下，需要发挥科技人才在乡村振兴战略中的支撑作用，带动农业农村的发展。通过发挥科技人才作用，实现中国农业在关键技术领域、核心技术取得突破，使中国农业科技达到世界先进水平。同时，促进农业科技成果的转化，满足当前现代农业的发展需求，提高农业生产力，进而推动农业现代化的发展，促进乡村振兴。

（三）鼓励社会各界投身乡村建设

随着时代的发展，农业现代化水平不断提升，而要想顺利实施乡村振兴战略，并取得较好的成果，就必须要有足够的具有一定知识技术、掌握科学管理方式、具有创新能力的人才。在新时代背景下，不仅要在农村本地培养创新型人才、管理人才、技术人才，还要尽可能地将城市的相关人才向农村输送。并且在加大力度培养乡土人才的同时，还要加强对乡村振兴重要性的宣传，鼓励社会各界人士积极为乡村建设作出贡献，共同发展农村，具体需要从以下几个方面入手：结合实际情况建立相应的激励机制，以乡情乡愁为纽带，吸引社会各行业的精英人士通过下乡担任志愿者、投资兴业、行医办学等途径，为乡村振兴事业贡献力量。并鼓励更多的人积极投身于现代农业，加强对新农民的培育，从而促进乡村振兴、农民富裕这一伟大目标的实现。

1. 完善激励体制机制

如前文所述，要想借助社会各界力量促进农村建设，就要建立有效的激励机制，以乡愁为纽带，通过各种有效的手段，吸引各界人士参与乡村振兴事业，促进职业农民的培育。此外，可以利用规模化、高科技支撑的农业经济，吸引城市企业家，使其将资金投入到农村市场。城市企业家进入农村，参与乡村振兴事业，一方面可以激发农村发展的动力，另一方面可以带来新的发展理念，使农村能够突破传统农业的限制，充分利用当地的资源优势，种植合适的作物，发展规模化经营，并积极拓展第二、三产业的服务项目。与此同时，企业参与乡村发展，对农村土地进行规模化经营，会给当地农民带来新的知识、技术和理念，促使其成长为农业产业工人，使其在农业生产环节中，能够充分发挥自身价值，得到更多的经济收益，进而改善自身的生活。此外，要结合当地发展的实际情况，制定相应的指导意见，主要目的是倡导工商资本积极参与乡村建设，并落实和完善融资贷款、税费减免等扶持政策，明确政策边界，使农民的利益得到充分保障。总而言之，通过有效的方法和手段，引导工商资本下乡，参与乡村建设工作，可以给农村引进大量的人力、财力、物力以及先进的技术和理念，从而有效推动农业产业发展，有效实现农民的增收致富。

2. 发挥群体组织在乡村建设中的作用

发挥工会、妇联、科协、残联等群团组织的优势和力量，发挥各民主党派、工商联、无党派人士等的积极作用，支持农村产业发展、生态环境保护、乡风文明建设、农村弱势群体关爱等。中国农村专业技术协会是在中国农村经济体制改革中，由农民自发组织、自发创办、自愿参与、自我管理、自主发展的群众性经济合作组织。它的出现，有利于提高农民的组织化程度，推动农业产业化发展，促进农业科技推广应用，已成为推动农村改革发展的重要力量。中国农村专业技术协会自成立以来，在全国依托科协组织陆续建立起省、地、县三级农村专业技术协会组织，其自身也建立了相应的职能部门，并按照专业类别建立起相应的委员会和技术交流中心，于2014年与农业农村部联合发文确立了农村专业技术协会社会化服务体系的地位。全国有农村专业技术协会覆盖粮食作物、果蔬、水产等上百个专业。中国农村专业技术协会自成立以来，基本形成了上下一体、左右相连，具有完整的协会特色的新型社会化服务体系。其在农业农村发展中具有重要作用，不仅促进了农业科技创新和实用技术推广，还提高了农民组织化程度和农业社会化服务水平，推动了传统农业向现代农业的转变。

3. 发挥青年及妇女在乡村建设中的作用

吸引青年人投身现代农业，培养造就新农民。青年是最富活力的创业力量，组织实施现代青年农场主培养计划是贯彻落实中央决策部署、拓宽新型职业农民培育渠道的重要举措，是激发农村青年创造创新活力、吸引农村青年在农村创业兴业的重要手段，将为现代农业发展提供强有力的人才支撑。原农业部同教育部、团中央组织实施现代青年农场主培养计划，采取培育一批、吸引一批、储备一批的方法，经过培训指导、创业孵化、认定管理、政策扶持和跟踪服务等系统的培育，在全国形成一支创业能力强、技能水平高、带动作用大的青年农场主队伍，为现代农业发展注入新鲜血液。其中，对回乡从事农业生产经营和在农业领域进行创业的农业院校学生，特别是中、高等农业职业院校毕业生，在就业补贴、土地流转、税费减免、金融信贷、社会保障等方面给予扶持、鼓励、引导、吸引农业院校学生到农业领域就业创业。建立农业院校定向招生支持制度，对定向招录农村有志青年特别是种养大户、家庭农场主、合作社领办人等子女的"农二代"，在生均拨款、实训基地建设等方面给予倾斜，鼓励和支持农业院校设立涉农专业，为培养新生代职业农民创造条件。

落实乡村振兴"巾帼行动"。2018年2月，中华全国妇女联合会发布《关于开展"乡村振兴巾帼行动"的实施意见》。随着时代的发展，"男尊女卑""男耕女织"等传统封建思想逐渐淡化，女性的地位逐渐上升，同时人们也越来越认识到女性在社会发展过程中所起到的重要作用。在农业农村现代化发展的进程中，妇女也发挥着重要的作用，她们跟广大男同胞一样，都是乡村振兴的建设者、推动者，自然也是乡村振兴的受益者。"巾帼行动"提出了五项具体的方法：第一，加强思想教育和引领，鼓励农村妇女积极参与乡村振兴战略；第二，落实"农村妇女素质提升计划"，通过教育培训等手段，提升农村妇女的素质，使其有能力参与到乡村建设的事业中；第三，开展"美丽家园"的建设活动，将农村妇女组织起来，共同建设生态宜居的新农家；第四，拓展寻找"最美家庭"活动的内涵，借助文明家风促进文明乡风的建设；第五，不断深化"巾帼脱贫行动"，使农村贫困妇女得到更多的获得感，充分实现人生价值。具体来说，要面向广大农村妇女，加强网络教育培训的力度，通过引导，让农村妇女认识到网络学习的好处，并根据农村妇女的认知特点和学习能力，开发各种形式的网络教育课程，以有效提升农村妇女参与网络课程学习的积极性，并使其获得更好的学习成果。在开展"美丽家园"建设活动方面，倡导妇女从家庭做起，从改变生活和卫生习惯着手，积极整治家庭环境，比如清除乱堆乱放的物品，清理房前屋后的垃圾，绿化庭院等。此外，在"巾帼脱贫行动"方面，要特别关注深度贫困地区的妇女，通过有效的措施，增强贫困妇女的内生动力，为其开辟脱贫致富的道路。这方面典型的例子有北京门头沟区清水镇，该镇将当地的家庭妇女组织起来，成立了阿芳嫂黄芩种植专业合作社，专门生产黄芩茶。在该合作社不断发展的过程中，引进了现代农业技术，使野山茶的生产工艺逐渐形成了自动化流水线作业，给清水镇以及周边乡镇妇女提供了很多就业岗位，有效促进了当地农业农村的发展。

乡村振兴的关键在于社会参与。社会参与的主要力量有很多，如企事业单位、社会团体、相关的民间组织以及志愿者，他们通过自主参与、合作参与等方式，投入到乡村建设事业中，贡献自己的力量。此外，乡村建设是一项系统性的大工程，需要在政府主导、多元参与的背景下，激发各界的积极性，为乡村建设提供源源不竭的动力。其中，最主要的就是建立人才对接平台，支持那些返乡人员发挥自己的才智和热情，投身于乡村建设。并且，还要加强对高校及相关研究机构的引导，促使其利用自身的科研优势，给乡村建设提供技术上的支持，这对实现乡村振兴有着非常重大的意义。更重要的是，要结合实际情况，建立社会参与乡村振兴战略的体制机制，营造氛围，以乡情乡愁为纽带，吸引支持企业、高校、事业单位等多方面的人才投身乡村建设，进而提高农业农村组织化程度和社会化服务水平。

第三节　乡村文化振兴

乡村振兴的重要基础就是文化振兴。中华优秀传统文化的根基就是乡土文化，乡土文化孕育守护着中华文化的精髓。推进乡村文化振兴，要提升乡村社会文明程度，形成文明乡风、良好家风、淳朴民风，呈现出全新的乡村文明新气象，牢牢打造乡村振兴的文化之魂。

一、乡村文化的内涵

广义的文化包括价值、道德、习俗、知识、娱乐、物化文化（如建筑）等，乡村文化从内容上也应涵盖这些方面。中国是一个农业大国，源远流长的农耕文明和乡土文化是孕育中华文化的母体和基础，人们对乡村文化有着浓厚的乡愁情结。不管是中华民族优秀的传统文化中的思想观念和道德规范，还是优秀传统文化中的人文精神，都源于乡土文化，根植于乡土社会。

乡村文化是由乡村居民在长期生产、生活中形成的生活习惯、心理特征和文化习性，是乡村居民的信仰、操守、爱好、风俗、观念、习惯、传统、礼节和行为方式的总和，主要包括农村精神文明、农耕文化、乡风文明等。

社会主义核心价值观引领农村精神，弘扬民族精神和时代精神，是体现社会公德、职业道德、家庭美德、个人品德的思想文化阵地，各级政府通过文化服务中心、广播电视、电影放映、农家书屋、健身设施、文化志愿服务等形式和设施，向农村居民提供公共文化产品和服务。

农耕文化主要反映传统农业的思想理念、生产技术、耕作制度等农业生产方式的变迁，是农村社会的主要文化形态和主要精神资源。如"男耕女织"及传统的生产工具、田园风光及间作、混作、套作等生产技术，西南的梯田文化、北方的游牧文化、东北的狩猎文化、江南的圩田文化、蚕文化与茶文化、柑橘文化、蔬菜文化等，以及农业遗迹、灌溉工程遗产。

乡风文明则主要反映农村居民的生活方式、生活习俗等。如文物古迹、传统村落、民族村寨、传统建筑等生活空间；礼仪文化，如家庭为本、良好家风、中华孝道、尊祖尚礼、邻里和谐、勤俭持家等；民俗文化，如节庆活动（春节庙会、清明祭祖、端午赛龙舟、重阳登高等）、民间艺术（古琴、年画、剪纸等）、民间故事、民歌、船工号子等；传统美食和非物质文化遗产等。同时，基于农耕文化、乡风文明的保护传承，应将现代城市文明的价值理念与乡村特色文化产业发展相融合，不断赋予乡村文化新的时代内涵。

二、乡村文化振兴的问题与思路

（一）乡村文化振兴面临的主要问题

目前，农村人们日益增长的对美好文化以及生活的需求与当前的供给之间存在着不平衡，满足不了人们的需求，矛盾日益突出，乡村文化对乡村振兴战略难以发挥引领和推动作用。

一是中华优秀传统文化的传承保护、培育利用不够。具体表现为："种文化"工作力度不够，乡村文化资源大多仍处于沉睡状态，对文化创意产业的渗透性、关联性效应难以发挥；与农业发展融合不够，田园综合体、休闲农场、农业庄园等乡村文化创意匮乏；与乡村建设融合不够，文化公园、文化博物馆、艺术村等较少；与乡村旅游发展融合不够，历史文化名村、传统古村落的文化旅游价值挖掘滞后；同时，非物质文化遗产保护工作任务依然较重。

二是乡村公共文化设施薄弱、文化活动较少。随着人民物质生活由温饱向小康转变，乡村人更加关注文化小康，物质生活与文化生活的不对称、物质获得感和文化获得感的不均衡问题逐步凸显。目前，乡村尚难以提供像城市一样丰富的文化设施和文化生活，长期在城市务工的乡村人尤其是年轻人对目前的乡村生活不习惯、不适应。各级政府和社会各界"送文化"活动也难以消除留守的乡村老人的精神孤寂。

（二）乡村文化振兴的基本思路

坚持以社会主义核心价值观为引领，立足中国实际和乡村文化的特点及规律，把创造性转化、创新性发展贯穿于乡村文化振兴的始终；以乡村公共文化服务体系建设为载体，为人们提供更加丰富多彩、质量上乘的公共文化服务和公共文化产品；同时推动农村的移风易俗，培育良好的家风、乡风、淳朴民风，赋予乡村生活以价值感、幸福感和快乐感，激发人们愿意留在乡村生活、愿意到乡村消费的"乡愁"情结，全面繁荣乡村文化。

三、乡村文化振兴策略分析

乡风文明表现为农民在思想观念、道德规范、知识水平、素质修养、行为操守，以及人与人、人与社会、人与自然的关系等方面继承和发扬民族文化的优良传统，摒弃传统文化中消极落后的因素，在不断适应经济社会的发展过程中进行创新和发展，对于城市文化中的积极因素以及其他民族文化中的积极因素要取其精华，去其糟粕，吸收其中的有益部分，转化为自身的一部分，以此来形成一种健康、积极的精神面貌和社会风气。因此，只有加强农村的公共文化建设和思想道德建设才能推动乡村文化振兴。实施乡村振兴战略，要繁荣兴盛农村文化，焕发乡风文明新气象。"仓廪实而知礼节，衣食足而知荣辱。"乡村振兴，既要发展产业、壮大经济，更要激活文化、提振精神，两者缺一不可、不可偏废。

（一）道德建设无影无形，移风易俗潜移默化

我们要在解决"富口袋"的同时，加快"富脑袋"，使得群众的物质、精神文化生活更加富足。现阶段我国农村道德建设滞后，在精神文化生活层面较为贫瘠，甚至有的农村赌博盛行。随着城镇化的不断推进，城市文化以及工业文化不断冲击着农村文化，这导致乡土文脉受到了严重的冲击甚至被切断，造成了乡村文化"水土流失"问题。近年来，互联网不断发展，加上电脑以及智能手机的不断普及，这就使得很多的农村人开始使用即时的通信进行聊天，比如QQ、微信等，这对于农村来说是有利有弊的。在2014年左右，农村中的青年男女中开始流行微信，尽管在一些农村地区因为所处位置较为偏僻，加上网络信号的断断续续，但是村民们依旧学会了使用微信，不仅可以抢红包还能借助于微信对外进行联系。尽管这是非常好的一件事情，但是村民因此上当受骗的情况也常常出现。很多的村民文化素质并不高，对于他们来说，在村中主要是通过麻将与纸牌来进行消遣和娱乐。一般在农村，家里的长辈会照看孩子，操持家务，很多的年轻人和一些中年人会在牌桌上娱乐，这种不良的风气一直存在于农村，是非常普遍的现象。这种现象在春节期间更加明显，从大年初一到元宵节这段时间是农村赌博牌局最火的时候，在春节期间走亲访友，人一多，就会有很多的牌友汇聚一堂，甚至会不分昼夜打麻将或者玩纸牌，有的会出现一天成千上万元的输赢，甚至会出现将一年的打工钱都输掉的现象。除此之外，农村的攀比之风非常严重，在临近春节的时候，家家户户都要购买鞭炮，现在很多农村家庭不管贫穷还是富贵都会购买烟花，少则三五百，多则超千元；不管是修葺房屋、过生日，还是婚丧嫁娶都要攀比，一般出现这些情况的时候都会攀比谁家有排场、谁家的亲戚多、谁家请的戏乐多。这种攀比之风，使得丧礼不是逝者的哀悼会，而是一种吃喝玩乐的聚会。由此可见，农村迫切需要加强道德建设。

我们需要将优良的传统文化传承下去。例如，乡贤们爱家乡，为家乡作贡献的传统；邻里之间的守望相助，敬老爱幼的传统等，这些优良的传统文化中蕴含着健康、积极的价值观念，将这些价值观念进行有效的运用，借此对广大村民的行为进行规范和集体意识进行加强，就需要不断加强农村的精神文明建设。大

力弘扬和践行社会主义核心价值观，发挥道德的引导作用，积极发扬农村传统文化品德，倡导为他人服务的集体主义价值观；还要开展移风易俗行动，加强农村思想道德建设，摒弃和打击庸俗文化、低级文化、色情文化等不健康的文化因素，积极监管和取缔打牌赌博、封建迷信、邪教信仰等不健康的文化活动，引导农民积极向上，努力提升农民精神风貌，让文明新风滋润乡村大地，使乡村文化重新绽放绚丽异彩，吸引更多的人回到乡村、建设乡村、繁荣乡村。当前，农村社会一些优良的文化传统在城镇化和人口迁徙流动中受到了巨大冲击，这既是乡村文化振兴要解决的问题，也是其面临的困境。乡村社会的文化传统，包括伦理文化传统，是建立在人口流动极小、社会变迁缓慢且没有外部强势异文化冲击的农业社会基础上的。当下的乡村社会，外有现代性的强势异文化冲击，内有空前的社会流动，乡土社会边界大开，一切以稳定为传承前提的文化都面临拷问、挑战和冲击。农民在文化上的弱势地位，使其很容易不加思考地接受外来文化，甚至笨拙地引入和模仿外来文化。迫切的现实生存和社会竞争的需要，更加助推了传统伦理文化和乡土文明的解体，以及便利了功利文化、轻浮文化的侵入。这些年，一些地方的农村出现的老年人赡养问题，在红白喜事上大操大办，甚至出现低俗仪式、天价彩礼嫁妆、赌博、地下邪教等，都是传统文化衰落的表现。

　　培养高尚的道德是移风易俗、践行社会主义核心价值观的第一步。要从讲、看、听、行入手，着力让"德"融入群众的精神世界，衍化为群众的自觉行动。讲，让"德"无处不在。"领导干部带头讲、宣讲小组巡回讲、农村喇叭经常讲、新兴媒体随时讲"等多种宣讲方式并行推进，使宣讲做到理论深刻又通俗易懂，有力增强群众的价值判断力和道德责任感。看，让"德"触目可及。在显要位置设置醒目的大型道德公益广告展板，彰显厚德文化；在城区以打造核心价值观一条街为重点，大力宣传、引导人们崇德向善；在乡村以道德为主题，绘制富含历史底蕴的文化墙，打造一道文化长廊。听，让"德"声声入耳。全县各单位、各乡镇开办"道德大讲堂"，结合各自工作，围绕孝、仁、善、贤讲德传德并改进工作；乡村要全部开办"农村道德讲习所"，通过"身边人讲身边事、身边事育身边人"传道育德，讲授移风易俗知识，使群众学有榜样、赶有目标。行，让"德"如影随形。促落实要求，创新教育载体。要于细微处传德、于默化中行德，推进乡风文明建设。

（二）强化公共文化建设，走文化兴盛之路

要想实现乡村文化的振兴，必须大力推进农村公共文化建设，在社会主义核心价值观的引导下，对农村优秀的文化中所具备的人文精神、思想观念以及道德规范进行深入挖掘。不仅如此，还应该积极培育对乡土文化进行挖掘的人才，不断在农村弘扬社会正气，弘扬主旋律，以此在潜移默化中不断改善农民的精神面貌，只有这样才能不断提高乡村社会文明的程度，让乡村焕发出新的生机。古语有云"仓廪实而知礼节"，在物质文明进步的同时，精神文明也应该不断进步。乡村振兴战略中的重要一环就是乡风文明。乡村振兴战略的实施必须要有精神文明。对于如何建设乡风文明，如何打造友善和谐的乡村文化成为新时代的课题。

优秀的传统文化是国家和民族发展的精神命脉，是一个国家和民族传承和发展的根基。传统文化在乡风文明中根植，这是众所周知的事实。当前，要进行深入的乡风文明建设应该从传统文化入手，取其精华，去其糟粕，对其中的有益部分积极吸收，使其服务于社会主义新农村建设。让传统文化为乡风文明建设不断注入活力，培育文明乡风，这其中的关键在于对传统文化的创造性发展与转化。

作为中华优秀传统文化的重要组成部分，乡风文明为弘扬优秀传统文化提供了重要的平台和载体。乡村治理，一直以来主要依靠传统的道德观念和村规民约进行自我管理，在这个过程中、在道德的教化中，彰显了乡村文明。伴随着城镇化的进程，在城乡之间技术、信息、人才、文化等加快流动，在一些农村地区，一些低俗的文化也随之快速发展。在当前，很多的农村地区有着严重的金钱观念，人情淡漠成为常态，之前的邻里互帮互助演变成有偿服务，金钱往来代替了之前的人情往来，甚至会出现亲兄弟之间因为利益出现关系破裂的情况。不仅如此，乡村生态文明遭到破坏，一些生产也得不到发展。在这样的大环境和历史背景下，中国乡村治理体系是在法治的前提下所进行的乡村自治模式。但是，我们也应该看到，仅仅靠法律的约束是很难进行乡村治理的。因此，在党的十九大报告中就

明确提出，坚持依法治国与以德治国相结合。近年来经济的增长和社会的不断进步，但在社会中还随处可见排队不遵守秩序、大声喧哗、没有主动让座等现象。虽然依旧存在一些问题，但是我们也可以看到值得欣慰的地方，在社会主义新农村的建设中，在各个乡村地区有了一些全新的面貌，出现了一些新的礼仪，并且在农村地区不断得到推广。以 2016 年的山东费县的移风易俗为例，当时，为了营造良好的风俗习惯，打造良好的乡风文明，实行了殡葬改革，具体的内容如下：第一，倡导丧事简办，反对铺张浪费，杜绝乱埋乱葬，倡导使用健康的、文明的和科学的方式来告慰逝者；第二，提倡文明祭祀，低碳祭祀，移风易俗，严禁在水源地、山地、林地、景区内焚烧纸钱；第三，弘扬传统美德，提倡厚养薄葬，一切从简，节俭治丧，文明祭祀；第四，积极参与线下的革命先烈扫墓活动以及网上的祭奠烈士活动，对革命先烈进行缅怀。新的殡葬制度在最开始执行的时候虽然有很大的难度，但是在经过村党支部书记和治丧委员会的不断治理，群众逐渐理解并接受了新的殡葬习俗，并且确保了所有的丧葬可以按照全新的标准来实施。

要加强农村文化基础设施建设，不断丰富农村公共文化活动，重视乡村社会文化基础设施建设，就需着力推进乡村社会文化站、文化广场、农家书屋、农民体育健身、民俗博物馆、农村文化综合服务中心等文化设施建设；还要将乡风文明建设与群众文化活动紧密结合起来，落实国家送戏下乡、送书下乡、送电影下乡等活动，不断丰富群众的文化生活，推动乡风文明传播，将乡村建设成广大农民群众的精神家园、人文家园、和谐家园。丰富文化活动载体，弘扬农村优秀传统文化，可以更好地满足人民群众日益增长的精神文化需求。乡村文化振兴的突破口在于，瞄准重点人群，聚焦突出问题，回应现实需求。乡村社会的重点人群是常年在村的老弱妇孺群体，也就是俗称的"三留守"人员。他们是乡村社会中相对弱势的群体，与外出务工经商的青壮年群体又有着紧密的社会关联。他们有丰富的闲暇时光，旺盛的文化生活需求，他们的精神面貌和文化生活质量直接关系到其他群体的生活品质乃至人生预期，并直接影响着乡村社会的文明程度。以他们为重点人群，乡村文化建设就有了实实在在的抓手和载体。他们的需求便是最需要回应的需求，他们反映的问题便是最突出的问题。最主要的两点：一是从具体的移风易俗入手，遏制赌博、大操大办、低俗仪式等歪风邪气，弘扬积极健康的文化风气；二是通过基层组织将老人、妇女等组织起来，自己动手开展形式多样的文化活动，丰富闲暇生活，彻底改变农民有钱有闲却没意思的精神文化生活匮乏的状况，可以从根本上根除和阻断了邪教在群众中的传播。对农村公共文化服务体系的完善和健全，需要遵循有标准、有规划、有内容、有队伍、有硬件的目标，需要秉承区划建设的思路对临近乡村的资源进行统筹规划，实现建设效益最大化，同时也需要积极推进农村的基层综合性的服务中心的建设，对农村的公共文化服务的效能不断提升，实现全覆盖，不断优化服务的质量和水平。还应该积极打造相关的文化服务品牌，充分利用公共文化资源，以此推动文化惠民的深入发展与落实。

除此之外，还应该为乡村带来更好的公共文化产品和服务。坚决落实乡村振兴战略，积极支持和鼓励与之有关的文艺创作，使创造出的作品可以更好地弘扬时代精神，可以更好地贴合农村群众的心声，与百姓的生活和生产相契合，丰富农民的文化生活，提振农民群众的精神面貌。通过实施一系列公共文化建设工程，促进街道文明程度的全面提升和各项事业的稳步推进。在解决现实问题、回应农民需求的同时，要将优秀传统文化和社会主义现代文明同乡村社会特点结合起来，注入具体的工作实践当中，以润物无声的方式深植到农民文化生活中，逐步引导和培育具有中国特色时代特点的新型乡村文明，真正开创乡村文明的新气象。

乡村文化振兴应该依托于优秀的传统文化。优秀的传统文化资源为乡村文明建设提供了良好的土壤。建设乡村文明，可以打造特色的乡村文化品牌，可以积极开展丰富多彩的乡村文化节庆活动。对于优秀的传统文化，在进行传承和保护的前提下，对其进行创造性的发展和再创作，将传统文化和与时代内涵相结合，不断丰富传统文化的表现形式。对于优秀传统文化需要根据当地的实际情况进行整合与利用，对于其中的优秀的思想观点、道德规范以及人文精神进行深入挖掘，不断发挥其重要作用，起到凝聚人心的效果，起到教化群众的重要作用。可以开展与传统节日和民俗有关的文化活动，开展以"我们的节日"为主题的活动，让人们在乡情之中感知传统文化的魅力，同时弘扬文明的新风尚。在乡村文化中以及乡村社会生活中蕴含着很多的传统文化，对此，我们应该积极挖掘和开发，进而不断创作的循环，只有这样才能让农村精神文明建设的空间越来越宽广。

要注重文化共享，广泛开展群众性的文化活动，为农村文化集聚和农村文明建设注入新动力。要以文化为本，以德育人为主题，积极建设乡村精神文明的建设阵地。首先，对"文化小康"建设的硬件设施进行夯实，强调文化共享的理念；其次，借助于丰富多彩的文化活动深入群众内心，以此来丰富人们的精神内涵；最后，在乡村文化建设中对社会主义核心价值观进行深入宣传，加强与"中国梦"有关的宣传教育活动，以此来培育和践行社会主义核心价值观，同时还应该立足于农村的实践以及当地的特色，绘制具有乡村特色和群众喜爱的"美德文化墙"，让群众在潜移默化中不断提升自身文化素养和精神境界，让群众有更加丰富多彩的文化生活。

文化作为一种基本、深沉、持久的力量，成为乡村振兴战略的智慧支持和精神激励，同时也为乡村振兴提供了道德的滋养。持续培育和践行社会主义核心价值观，有利于传承弘扬农村优秀传统文化、强化公共文化建设、走好乡村文化兴盛之路、不断提升农民的精神风貌和乡村社会文明程度。

第四节　乡村生态振兴

乡村振兴需要生态振兴。生态环境是乡村发展的最大优势，也是最有价值的资源。乡村的"生态美"，体现了绿色生活和生态宜居的理念。要推动乡村的生态振兴，必须建设生态宜居、生态环境优美、生态系统健康稳定、人与自然和谐共处的美丽生态村庄，从而实现农村的绿色发展。

一、乡村生态振兴的内涵

乡村生态振兴是一项系统工程，既涉及农村山水林田湖草等自然生态系统的保护和修复，也涉及农业生产方式和农民生活方式等人居环境。其中，农业绿色发展和农村人居环境的治理是至关重要的内容。乡村生态振兴的内涵主要体现在

以下三个方面:

一是发展绿色农业。绿色农业是指利用生态物质循环、农业生物学技术、营养物综合管理技术、轮耕技术等将农业生产和环境保护协调起来,在促进农业发展、增加农户收入的同时保护环境、提供绿色农产品。绿色农业及其产品具有生态性、优质性和安全性等特征。

二是改善农村人居环境。农村人居环境以建设美丽宜居村庄为导向,以农村垃圾处理、污水治理和村容村貌提升为重点,旨在加快补齐乡村人居环境领域短板,并建立健全可持续的长效管护机制。

三是保护和修复农村生态系统。增强生态产品供给能力,发挥乡村自然资源的生态、康养等多重价值,以"农村美"实现生产、生活、生态的和谐统一。

二、乡村生态振兴的问题与思路

(一)乡村生态振兴面临的主要问题

随着工业化、城镇化的推进,特别是在过去单纯追求 GDP 高增长观念影响下,农村环境和生态问题日益突出。乡村生态振兴面临以下几个方面的问题:

一是农业面源污染严重,畜禽养殖污染、农作物秸秆焚烧等问题突出。长期以来,我国农业生产方式较为粗放,传统农业生产往往以产量增加为导向,农产品尤其是粮食增产高度依赖化肥、农药、除草剂等化学品和地膜的大量投入,对农产品质量和环境安全造成严重威胁。同时,农业循环经济在农村尚未普遍落地,畜禽养殖污染物肆意排放,对水源造成严重破坏,农作物秸秆焚烧也带来了明显的大气环境污染。

二是工业污染"上山下乡"对农村生态环境造成破坏。改革开放以来,尤其是各地开始大力发展乡镇企业之后,没有处理好乡村经济发展与环境保护的关系,乡镇企业在带动乡村经济快速增长和人口加快集聚的同时,由于污水处理设施建设滞后,非农产业尤其是低端工业的超标排污给乡村生态环境带来了污染甚至是危害。近年来,由于监管不严,也存在城市污染产业向乡村转移的"污染下乡"现象。

三是农村人居环境较差。农村日常生活垃圾收运处置系统不健全，农村垃圾山、垃圾围村、垃圾围坝等现象较为普遍，生活污染问题日益突出。同时，"脏、乱、差"问题在一些农村地区比较突出，为追逐短期利益的毁林开荒、围湖造田等破坏绿水青山的现象也依然存在。

（二）乡村生态振兴的基本思路

乡村的生态振兴应该以建设美丽中国为目标，牢牢践行"绿水青山就是金山银山"的发展理念，针对当前农村出现的生态环境的突出问题，以加快转变农业生产和农村生活方式为重点，推动形成投入减量化、生产清洁化、废弃物资源化、产业模式生态化的绿色农业生产方式，推动形成以农村垃圾、污水治理和村容村貌提升为导向的整洁优美生活环境，建成生态宜居、人与自然和谐共生的美丽乡村。

三、乡村生态振兴策略分析

（一）自然资本和绿色发展

推进农业绿色发展是实现农业可持续发展的必然选择，是中国特色新型农业现代化道路的内在要求。根据党中央、国务院对于农业绿色发展的战略部署，应积极推进和落实农业的供给侧结构性的改革，坚持自然资本的发展理念，不断推进和实现农业的绿色发展。

1.绿色发展的内涵及基本状况

随着生态环境的日趋恶化，解决粗放式农业发展所带来的弊病、实现农业绿色发展受到了政策和学术层面上的广泛关注。党十八大以来，我国在政策层面出台的一系列报告均对农业绿色发展提出了要求。2012年，党十八大报告在政策层面上首次提出"绿色发展"这一重大内涵。我们应该落实节约资源和保护环境的国策，秉持保护优先、节约优先、自然恢复为主的方针，着力推进绿色发展、循环发展、低碳发展，以此来形成保护环境和节约资源的空间格局，形成相应的生产生活方式和产业结构。中国共产党第十八届中央委员会第五次全体会议（简称

"党的十八届五中全会")会议通过了《中共中央关于制定国民经济和社会发展第十三个五年规划的建议》,史无前例地将"绿色"与"创新、协调、开放、共享"并列成为新时期的一个发展理念,因此,绿色发展成为新时期的一个发展理念。农业作为国民经济的基础产业,响应绿色发展理念,实现农业绿色发展,须在政策层面得到肯定与共识。只有树立起发展绿色农业,保护生态的发展理念,才能促进农业的可持续发展,在此基础上形成稳定的生态系统、高效利用的资源、良好的产地环境以及安全的产品质量,形成农业发在新格局。只有绿色生产才能促进农业的可持续发展。要牢记"绿水青山就是金山银山"的发展理念,不断落实和施行节约优先、保护优先、自然恢复为主的方针政策,依托于绿色发展助力乡村振兴。

马尔萨斯是英国经济学家,其在1798年完成著作《人口原理》[1],在该著作中明确提出了"资源绝对稀缺论",他认为,未来的社会中的主要矛盾在于土地、人口和粮食之间的矛盾。这说明实现人与自然和谐相处是人类社会健康发展的重要问题。1972年,罗马俱乐部在其发表的《增长的极限——罗马俱乐部关于人类困境的报告》一文中,第一次明确提出了以下两个口号——"持续增长""均衡发展",向人们提出了"盲目的经济快速增长,将导致人类达到危机的水平"。[2]在1989年,英国的大卫·皮尔斯等出版了《绿色经济的蓝图》,在该书中对"绿色经济"的概念进行了论述,并且认为应该建立一种人们可以承受的经济,首次提出国家经济平衡表中应该将有害环境和耗竭资源的活动代价纳入其中,认为在发展经济的时候应该充分考虑自然和生态的承受能力。[3]

2007年,联合国环境规划署(UNEP)首次将"绿色经济"定义为"重视人与自然、能创造体面高薪工作的经济"。绿色经济框架下的绿色发展已经得到学术界越来越多学者的认同。所谓农业绿色发展,是指在生态环境容量和农业资源承载能力的约束下,实现农业可持续发展的新型农业发展模式。具体来说,实现

---

① 马尔萨斯. 人口原理 [M]. 朱泱,胡企林,朱和中,译. 北京:商务印书馆,2011.

② 德内拉·梅多斯著. 增长的极限——罗马俱乐部关于内类困境的报告 [M]. 李宝恒,译. 成都:四川人民出版社,1983:48.

③ 孟根龙,杨永岗,贾卫列. 绿色经济导论 [M]. 厦门:厦门大学出版社,2019:1.

农业的绿色发展，即遵循"科学、安全、高效、和谐"的农业发展理念，倡导资源节约型、环境友好型社会建设，追求农业清洁生产，合理使用化学物质，走现代化农业的发展道路。

绿色是农业的本色，绿色发展是新形势下的发展理念，实现农业绿色发展是农业供给侧结构性改革的基本要求。现代化农业的真谛就是用现代科学技术让农业返璞归真，回归本色，逐步偿还工业发展对农业造成的环境欠债。

党的十八大以来，中国绿色发展也取得了显著成效。一方面，生态环境保护稳步推进。一是生态文明建设已上升到国家战略。二是生态环境得到逐步改善，大江大河干流水质明显改善。三是生态保护建设成效突出。天然林资源保护、退耕还林还草、防护林体系建设、河湖与湿地保护修复、防沙治沙、水土保持、野生动植物保护及自然保护区建设等一批重大生态保护与修复工程稳步实施。重点国有林区天然林全部停止商业性采伐。全国受保护的湿地面积增加525.94万公顷，自然湿地保护率提高至46.8%。另一方面，政策体系日臻完善。党和政府出台了一系列关于农业绿色发展的政策文件，如十八大报告、党的十八届五中全会公报以及2016—2017年出台的中央一号文件，均对农业绿色发展有所提及。国务院印发了"十三五"生态环境保护规划的通知，原农业部发布了《到2020年化肥使用量零增长行动方案》和《到2020年农药使用量零增长行动方案》的通知及《全国农业可持续发展规划（2015—2030）》《全国种植业结构调整规划（2016—2020）》等政策文件。

2. 树立自然资本理念，实现绿色发展

当前中国农业生产中仍存在诸多现实问题，亟须通过绿色发展转变生产模式。一是当前中国农业生产过程中，化肥、农药和农膜投入量呈现出快速上升的趋势。改革开放以来，中国化肥用量由1978年的884万吨增加到2015年的6022.6万吨，化肥过量施用、盲目施用等问题日益突出，带来了农业生产成本的增加和环境的污染。基于以上问题，应该积极改进施肥的方式，不断提高肥料的利用率，对于不合理的投入应该尽可能减少，以此来保证粮食的供给，保证主要农产品的供给，实现农业的可持续性发展。同时，中国农药用量由1991年的76.5万吨增加到 2015 年的 178.30 万吨，农膜由 1991 年的 64.2 万吨增加到 2015 年的 260.36 万吨，农药和农膜污染问题也十分严重。二是当前日益加重的农业污染，产生该问题的主要原因在于在农业的生产过程中大量使用化肥、农药、农膜等工业产品及农作物秸秆、畜禽尿粪、农村生活污水和生活垃圾等农业或农村废弃物。工业产品投入量快速上升，水体污染以及秸秆焚烧问题仍十分严重。耕地质量退化、华北地下水超采、南方地表水富营养化等问题突出，对农业生产的"硬约束"加剧。

那么，如何解决农业绿色发展的问题？农业绿色发展，需要树立自然资本的理念。什么是自然资本？自然资本包含一切人类可以使用的资源，如水资源、木材、矿物以及草原、森林、沼泽等生态系统。在自然资本的思想中包含生态学和可持续发展的理念，其目标是系统地实现人口、资源、环境与经济发展相统一。有关自然资本与农业绿色发展，需要认清以下两个关系：

一是自然资本是有价值的，是可以增值的。资本本身具有价值增值的属性，自然资本也是如此。要使自然资本的价值得到充分的发挥，改变之前传统的索取、掠夺自然资源的模式，让自然环境成为农业绿色发展的重要动力和来源，只有实现了绿水青山，才能真正带来"金山银山"。因此，在农业发展中需要树立自然资本的价值增值观念。

二是自然资本不具有较高的可替代性。自然资本由生态系统的功能和生态系统的服务两个部分组成。在农业发展过程中，自然资本的损失意味着生态系统的部分功能丧失或是生态系统的部分服务功能丧失，难以用其他资本替代。因此，在农业发展中需要树立保护自然资本的观念。

生态宜居的实现，离不开农业绿色发展；农业绿色发展的实现，离不开自然资本的支撑。充分发挥自然资本的功能和服务特性，牢固树立自然资本理念，依托农业绿色发展实现生态宜居，助推乡村振兴战略。

（二）统筹山水林田湖草系统治理

党的十九大报告首次提出"统筹山水林田湖草系统治理"这一理念。这一理念的提出具有重大的理论意义和实践意义。除此之外，山水林田湖草共同组成了一个生命的共同体，组成了一个生态系统，是一个统一的自然系统。生态在各自元素中进行自然的循环。人依靠田生存，田依靠水生存，水依靠山生存，山依靠土生存，土依靠树和草生存。遵循自然生态的系统性和整体性的规律，遵循生态系统发展的内在规律，对自然生态的各个要素进行统筹考虑，对山、河、湖、海等进行整体和系统的保护，进行综合治理和宏观的管控，只有这样才能不断增强生态系统的循环，维持生态的平衡。由此可以得出，山、水、林、田、湖、草等自然资源是一个生命共同体，亟须统筹安排、统一治理，充分发挥生态系统的功能，保证生态平衡。

理论层面上，"统筹山水林田湖草系统治理"具有以下三个方面的意义：

一是"统筹山水林田湖草系统治理"一方面体现了党中央生态文明的重要思想，另一方面也成为符合时代发展潮流的理论创新。自改革开放以来，中国经济水平得到了快速发展，但也伴随着自然环境的不断恶化，各种自然资源均出现了不同程度的问题。实现山、水、林、田、湖、草等自然资源统筹治理，顺应历史的发展需要。

二是"统筹山水林田湖草系统治理"是生态学思想的重要结晶。生态学是研究生物与环境相互关系、作用机理及其发展变化规律的一门学科，研究对象是生态系统。山、水、林、田、湖、草等自然资源是生态系统的组成单元。生态系统中的各组成单元之间相互联系、相互影响、相互促进，又相互制约。生态系统中各组成单元的情况，决定了生态系统的最终功能。山、水、林、田、湖、草等自然资源的统筹，能够充分发挥各种自然资源的优势，实现优势互补。

三是"统筹山水林田湖草系统治理"是马克思主义生态自然观的理论创新。马克思主义生态自然观是马克思主义自然观的丰富与发展，本质是以现代生态学为基础的系统理论，强调的是人与自然的协调发展。从内容上讲，马克思主义生态自然观就是要运用马克思主义的立场、观点和方法，研究和解决中国生态环境的实际问题，丰富和发展马克思主义的理论宝库；从形式上讲，马克思主义生态自然观就是要运用符合时代特征和人民群众的民族语言阐述马克思主义有关生态环境的理论。"统筹山水林田湖草系统治理"体现了马克思主义实事求是的基本原则。

在生态环境中，山、水、湖、田、林、草这些都是不可或缺的组成部分，这些部分相互影响、相互交织，并最终影响整个生态系统。从实践角度看，"统筹山水林田湖草系统治理"是解决当前自然资源生态问题的关键措施。当前，我国的山、林、田、水、湖、草等自然资源面临着不同的生态问题，迫切需要借助于"统筹山水林田湖草系统治理"的理念来解决现有的现实问题。具体如下：

当前，山区植被覆盖率呈现下降的趋势，这就导致土壤荒漠化、土地沙化的现象不断加剧，严重的还会引发滑坡、沙尘暴、泥石流等自然灾害。根据国家林业和草原局的统计，我国 2017 年一共有 260 万多平方公里的荒漠化土地，170 万多平方公里的沙化土地，31 万多平方公里的土地出现了明显的沙化倾向，部分地区的居民因此背井离乡。提高山区植被覆盖率，对于涵养水源、维护水土、降低滑坡等自然灾害，都有着十分重要的作用和意义。

水资源作为生命之源、生态之基，保护好水质、防治水污染显得尤为重要。然而，近年来，我国水源污染不容乐观，一些地方出现了严重的水污染状况。如河南驻马店、江苏南京、安徽池州等地出现了多起水污染事件，嘉陵江更是于 2017 年出现了重大水污染事件，这些污染事件不仅破坏了地区生物多样性和生态系统，也对农业农村生产生活产生了严重影响。此外，当前水污染问题十分尖锐，国内七大水系都已经受到不同程度的污染。环境保护部发表的《2016 中国环境状况公报》显示，黄河、松花江、淮河和辽河流域的水质处于轻度污染状况，海河流域污染程度最高。治理水源，迫在眉睫。

森林覆盖率的提升对于生态系统恢复起到关键作用。伴随着社会经济的快速发展，森林资源出现了供不应求的情况。我国缺林少绿、生态资源总量不足、生态系统脆弱，导致生态问题突出、生态产品短缺，林业生态资源的短缺既无法满足人民对美好生活的需要，也制约着经济社会可持续发展。森林覆盖率目前仍远低于全球的平均水平，森林资源的矛盾仍未从根本上得到解决，林业发展还面临着巨大的挑战。

草地作为我国陆地面积最大的绿色生态系统，是牧区人民群众最为重要的生产生活资料。但当前中国草地资源管理利用水平低下，在利用方式、承载力水平、管理方式等方面距国际先进水平还存在较大差距。具体来说，中国目前草原畜牧业模式仍趋于传统，经济和生态效益都不高。此外，草原生态总体仍呈现出恶化的态势，中度和重度退化面积仍占三分之一以上，草原生态十分薄弱。受全球气候变化异常的影响，草原地区极端灾害增多，病虫害发生比率日趋增多，草原地区灾害防控任务艰巨。草地生态问题仍十分严峻，亟须通过综合治理予以有效解决。

农田作为农业生产最重要的基础性资源，为保障国家粮食安全发挥了重要作用。《全国土地利用总体规划纲要（2006—2020年）调整方案》中明确要求，需要坚守18亿亩耕地红线不动摇，保证耕地面积数量不减少、质量达标不下降。但我国农田质量低下，土壤板结、土地肥力以及有机质水平较低，主要原因是农田的不合理使用。随着人们生活水平的提高，对绿色、有机农产品的需求量不断增加，农田生态系统的保护对于实现农业绿色发展，进而实现生态宜居显得尤为重要。

湖泊具有提供水源、调节气候、保持水土、补充地下水、减轻灾害等方面的功能。当前，湖泊富营养化问题十分突出，主要原因是氮、磷等植物营养物质含量过多。湖泊蓄水容积大幅减少，也导致洪水调蓄功能下降。湖泊的富营养化不仅会降低湖泊的透明度和使湖泊散发出臭味，而且也会降低湖泊溶解氧的含量，使湖泊中存在大量有毒物质，对湖泊的生态系统造成严重的影响。此外，湖泊水质下降也会引起藻类等大量繁殖，对湖泊水生生物产生负面影响。

（三）生态补偿与生态产品供给

依托生态补偿和生态产品供给的方式是实现生态宜居的重要形式。生态补偿能够为扩大生态产品的有效供给提供制度性保障。而生态产品的供给关系着人类生存、生产与生活，具有重要意义。失去了生态产品的供给，人类生产生活便失去了生存之本，便是无本之源。因此，乡村振兴中的生态宜居离不开生态补偿制度的治理与生态产品的供给。

1. 生态补偿的概念与基本模式

生态补偿是以保护和可持续利用生态系统服务为目的，以经济手段为主，调节相关者利益关系，促进补偿活动，调动生态保护积极性的各种规则、激励和协调的制度安排。进一步对生态补偿进行划分，可分为狭义生态补偿和广义生态补偿。狭义的生态补偿，主要指的是因人类的社会活动、经济活动而引起的生态与自然资源的损害和对环境造成的污染等的恢复、补偿以及综合治理等一系列的活动；从广义上讲，生态补偿是指在经济、技术和物质上给予由于环境保护而失去发展机会的地区的居民的补偿，在政策上给予优惠，以及为了实施环境保护、改善环境而进行的科研、教育等方面的投入支出。生态补偿制度按照"谁受益、谁补偿，谁保护、谁受偿"的原则，目前已经被普遍认为是生态保护的有效手段。具体来说，目前中国生态补偿主要有以下几种模式：

一是政府购买生态服务模式。政府购买生态服务是政府购买公共服务的一项内容，指的是政府为了更有效地满足社会生态需求，通过建立契约关系的方式，利用财政资金向社会力量（例如营利部门、非营利组织及个人）购买，由承购方具体运作从而向公民提供生态公共服务的一系列活动。这种模式不仅减轻了政府负担、提高了政府工作效率和财政资金的效率，也通过引入社会和市场力量的方式，为政府管理提供了新机制和新活力。在政府购买生态公共服务中，虽然生态公共服务由社会力量直接提供给公民，但是这种服务仍然是依靠财政资金来提供的，政府在服务的提供中占主导地位。目前，中国的政府购买生态公共服务都还处于局部试点与探索阶段，还存在诸多问题，如认识不够深入、各地发展不平衡、购买的独立性和竞争性还不够强、买方市场不健全、缺少成本核算标准和财政资金的监管机制不够完善等。政府购买生态服务模式亟须解决"买什么""向谁买""怎么买""买了怎么办"的问题。

二是生态环境服务付费模式。生态环境服务付费模式是一种将环境服务非市场的、具有外部性的价值转化为对环境保护者的财政激励方法。生态环境服务付费模式是在特定的地理、经济、社会环境之中依据受益者付费的原则所形成的。形成生态环境服务付费模式，需要对生态保护产生的外部性和提供生态服务的数量和质量建立清晰的因果关系，具体包括以下三个基础：一是定义、测量并量化生态服务；二是确定方案中的参与者，并与之进行沟通；三是建立偿付标准和偿付机制。这种模式除了可以采用现金的形式予以偿付外，也可以采用其他形式的偿付方式，如培训、技术转让、投资社会事业等。

三是生态税模式。生态税又称环境税，指的是对污染行业、污染品以及资源的使用征税，对投资防治污染、环境保护或资源节约的纳税人给予税收减免以及对不同产品实行差别税收。生态税主要分为能源税、交通税、污染税和资源税，具体税种包括碳税、进口税、许可证税以及采掘税、排污税和垃圾填埋税等。征收生态税的原因是污染具有负外部性，以实现这种外部成本部分或全部内化的征税目的。生态税的功能包括三种，分别是保护生态的环境保护功能、提高产出的经济效率功能和调节分配的社会公平。

四为绿色金融模式。《关于构建绿色金融体系的指导意见》是中国人民银行、国家发展改革委、财政部、生态环境部、证监会、银保监会、银保监会印发的文件。根据文件，绿色金融指的是一种针对环境的改善，对资源进行节约和高效利用以及对气候变化进行应对的经济活动。换句话说，是针对节能、环保、清洁能源、绿色建筑、绿色交通等领域的项目所进行的投融资、风险管理、项目运营等金融服务。从目前的发展来看，人们对绿色金融的关注仍然集中在银行，特别是"绿色信贷"这一银行的信贷业务。但是，目前中国的绿色金融还面临着许多问题，具体如下：第一，缺少完善的政策和市场环境。当前中国与环保有关的政策和法律体系尚不健全，环境经济政策还处于一个探索和发展的阶段。在环境保护领域中，环保信息不透明、政策执行不到位以及地方保护主义等现象依旧非常普遍；第二，我国发展绿色金融缺少内外两方面的激励与监管。在环境保护和社会责任意识上，中国的金融机构的员工、投资者以及股东的社会责任意识还不够强，因此，金融的发展需要建立起一种约束、激励的制度；第三，金融主管部门在发展绿色金融方面存在着一些问题，战略安排与相应的政策配套较为缺乏。当前，我国金融主管部门的绿色金融政策目标仍集中在"两高一资"企业的信贷投放、推动节能减排的短期目标等方面，绿色金融尚没有完整的政策与战略相匹配；第四，我国金融机构在发展绿色金融方面的策略准备工作仍处于起步阶段。

上述四种模式是当前较为普遍的生态补偿模式，实现乡村生态宜居的目标，就需要打好生态补偿的"组合拳"，综合四种生态补偿模式，形成合力。通过生态补偿机制的建立，实现乡村的绿水青山。

2. 生态产品的供给内涵与基本状况

伴随着全球温室效应和生态环境恶化加剧，作为发展中国家的中国，在经济增长高速发展的过程中，生态和环境所面临着的压力也在不断增大。虽然中国已经结束了物质短缺的时代，但极有可能又将面临生态短缺时代的到来。经济高速增长与生态极度脆弱的不协调局面已经显现，生态差距成为中国与发达国家的差距之一，并将伴随着生态环境恶化进一步加剧，最终制约经济社会可持续发展。因此，生态产品逐渐成为中国最短缺、最急需大力发展的产品。

物质产品、文化产品和生态产品是支撑现代人类生存与发展的三大类产品。林业作为生产生态产品的主体，提供生态产品主要是通过植树造林，治理山地、湿地和沙地，建设森林生态系统，保护湿地生态系统，改善荒漠生态系统等方式。具体来说，林业有制造氧气、吸收二氧化碳、涵养水源、净化水质、防风固沙、保持水土、净化空气、减少噪声、调节气候等作用。虽然林业是人类生存和社会可持续发展的根基，但是由于中国林地面积不足和森林质量低下等问题，导致生态产品的供给严重短缺，不仅直接影响到生态对人口和经济的承载能力，而且也对人们的生产产生影响。因此，亟须加强人们对生态安全的认识程度，加强对生态安全机构的管理，并加大科技投入力度。基于此，依托林业实现生态产品的有效供给就显得具有重要的现实意义。生态产品供给的实现是乡村生态宜居的重要保障。继续加大造林绿化、森林植被和湿地保护等方面的支持力度，采取像保护耕地一样的严格措施保护现有林地和湿地。同时，也需要强化现有森林和湿地的经营管理能力，加大营林投入，强化科学营林管理措施，提高森林质量和林地生态产品的生产力，更好地提供生态产品，为最终实现乡村生态宜居的目标贡献力量。

（四）加快美丽乡村建设

美丽乡村建设是实现生态宜居的重要表现形式。乡村是中国的根，美丽乡村是美丽中国的根。美丽乡村的建设，关系着广大农民的切身福祉，能让广大农民获得更多的幸福感。生态宜居与美丽乡村二者是相互联系的，生态宜居是美丽乡村的重要特征，美丽乡村是生态宜居的现实写照。因此，亟须加快美丽乡村建设，久久为功，因地制宜，以达到全面实现乡村生态宜居的目标。

美丽乡村建设需要做到久久为功。"守正笃实，久久为功"，实现美丽乡村建设离不开这八个字。农村环境的改善，一直以来受到广泛重视，但当前农村环境问题十分突出，部分地区的农村环境仍较为恶劣。之所以会出现这样的问题，是因为之前的农村环境整治多是流于形式，希望毕其功于一役解决农村环境问题，没有深刻理解农村环境问题的治理思路，即没有笃定久久为功。美丽乡村建设离不开大量人力、物力和财力，因此需要做到"四个明确"，以实现久久为功。

第一，明确美丽乡村建设发展模式由"短期"向"长远"发展。美丽乡村建设不是一次性战役，而应该是拉锯战，换句话说，美丽乡村建设发展模式不是"短期"，而应该是向"长远"发展。由于生态环境的恢复本身需要时间，因此生态宜居并不是一朝一夕就能实现的，美丽乡村建设需要笃定久久为功。

第二，明确美丽乡村建设发展模式由"外延式"向"内源式"发展。美丽乡村建设的发展需要激发乡村内生动力，不能一味采用"输血"的方式，而应该以"造血"的方式实现美丽乡村建设。

第三，明确美丽乡村建设发展模式的客观条件。美丽乡村建设的发展模式不能一刀切，不同地区资源禀赋存在差异，不同地区的生态环境也存在差异。因此，在美丽乡村建设过程中需要认清农村地域广阔、村情千差万别的现实情况，通过分类指导、分别规划、因地制宜的方式，明确各个区域的客观条件，做到对症下药，探索出各具特色的美丽乡村建设模式。

第四，明确美丽乡村建设发展模式以人为本。坚持以人为本、遵循农民意愿是实现美丽乡村建设的基本保障。以人为本的发展理念，通过尊重农民的意愿，树立农民群众对乡村生态宜居的高度负责态度，充分调动农民的积极性，发挥农民的"主人翁"优势，让美丽乡村建设的成果惠及每一位农民，做到"农民参与、农民受益"，增强农民的获得感和幸福感。

当前，美丽乡村的建设面临着三大难题。

一是农民环保意识不强。当前农村居民的环保意识较低，仍有待进一步提高。农村居民的环保意识不强：一方面是客观环境因素，如当前农村生产力水平较为低下，农村居民收入水平不高，农民群众精神文化需求得不到有效满足；另一方面是农民主观因素，如部分农民的个人素质较低，缺乏环境保护意识，粗放式经营农业，造成空气、水、农田等自然资源不同程度的污染。

二是农村基础设施薄弱。作为农村公共物品的重要组成部分，农村基础设施薄弱制约了农村经济社会的发展，也掣肘了美丽乡村的建设。因此，美丽乡村建设离不开基础设施的修建。具体来说，首先是美丽乡村的建设离不开道路的修建，而当前乡村道路建设质量较为薄弱。由于道路养护不及时、安全设施不到位、管理制度的不合理等问题，造成许多乡村难以与外界形成紧密联系。其次是美丽乡村的建设离不开供水供电设施的建设。而当前农村电力设备普遍较为陈旧，变压器陈旧、电压偏低，电网性能有待提高。农村供水设施仍需要改进，亟须加大集中式供水设施的修建力度，提高农村自来水普及率和农村生活饮用水合格率。最后是美丽乡村的建设离不开互联网设施的建设。随着中国经济进入新常态，农村互联网正悄然改变农村居民的生活，"互联网＋"形式已成为培育农村经济增长的新动能。而当前许多地区的农村互联网普及率较低，部分地区与互联网相关的农村基础设施亟待加大力度予以扶持。

三是农村空心化问题凸显。农村"空心化"是城镇化过程中，因农村人口空间分布变迁而衍生出的乡村聚落"空心化"和住宅"空心化"等一系列现象的统称。从乡村人口总量变化来看，近些年农村人口外流的数量非常庞大。农村人口数与自然村的个数都呈现出下降的趋势。《中国统计年鉴》[①]资料显示，2016年农村人口数为58973万人，较改革开放以来农村人口数峰值85947万人减少了26974万人。截至2016年末，中国共有261.7万个自然村，较2010年的273.0万个自然村减少了11.3万个村庄，平均每年减少近2万个。伴随着城镇化水平的不断提高，农村人口数、农村村庄个数呈现出不断降低的趋势，"农村空心化"现象将会更加突出，在一定程度上制约了美丽乡村的建设。

因此，实现美丽乡村建设急需解决上述三大难题。为此，加快美丽乡村建设需要做到以下三个坚持：首先是坚持多元化建设的思路。美丽乡村建设需要做到多元化，即全方面地根据村庄特征制定符合村庄实际情况的发展规划。其次是

---

① 中华人民共和国国家统计局编. 中国统计年鉴 2016 [M]. 北京：中国统计出版社，2016.

坚持多主体建设的思路。美丽乡村的建设主体不应该仅仅是政府，而应该是多主体。需要激发农村居民的热情，调动农村居民的积极性，充分发挥农村居民在美丽乡村建设中的作用，保障农村居民的主体地位。此外，美丽乡村建设也离不开社会资本的投入，在防范风险的基础上通过多方协作，引领美丽乡村建设的提档升级。最后是坚持多渠道宣传的思路。美丽乡村建设的成果需要得到广泛宣传，通过新闻报纸、专家学者、互联网等方式将美丽乡村建设的经验宣传出去，既能够增强乡村的知名度，又能够为乡村的可持续发展带来源源不断的活力。

第五节　乡村组织振兴

乡村振兴的根本保证为组织振兴。只有不断对农村基层党组织强化领导核心作用，不断加强和改善党对于"三农"工作的领导，才能进一步推进乡村组织振兴；只有加快完善乡村治理机制，才能为乡村振兴提供强大的组织保障。

一、乡村组织振兴的内涵

基层组织是我国乡村治理的基础单元，是各级政府推动实施乡村振兴战略的根基所在。从内涵及特征看，乡村组织振兴主要体现在以下几个方面：

一是基层党组织建设。党支部是党在社会基层组织中的战斗堡垒。对于隶属于本村的各项工作和组织，党支部应该进行全面的领导，只有围绕乡村振兴来展开各项工作，才能真正带领群众发展集体经济。

二是村庄治理机制。众所周知，村民委员会是基层群众性的自治组织，主要是村民的自我管理、自我教育和自我服务，一般由三至七人组成，有主任、副主任和委员三种角色，主要实行民主选举、民主决策、民主管理、民主监督的职能，村民委员会的任期是每届5年。对于涉及全村利益的事情，村委会会通过组织村民代表大会以及村民会议来进行讨论决定，不仅如此，村民委员会还实行村务公开制度，以此来实现村民对村民委员会的监督。同时，村务监督委员会或者其他形式的村务监督机构负责村务决策和公开、村级财产管理、村工程项目建设、惠农政策措施落实、农村精神文明建设等制度的落实。

三是农村集体经济组织。农村集体经济组织源于农业合作化运动，是指在自然村庄的范围内，农民自发地把他们的土地、耕畜、较大型农具等全部生产资料投入集体中，并由集体进行农业生产和管理的一种经济组织形式。与企业法人、社会团体、行政机关不同，农村集体经济组织有着独特的法律以及政治性质。除了国家对土地拥有所有权之外，只有农村集体经济组织对土地拥有所有权，它的主要作用就是通过行使经营权来调动村民参与村庄治理的积极性和主动性。

二、乡村组织振兴的问题与思路

（一）乡村组织振兴面临的主要问题

当前，在基础工作方面，农村基层组织存在着一些薄弱环节，在乡村治理体系和治理能力上需要进行完善。

一是部分农村"组织空"现象明显。部分村党支部委员会软弱涣散，党组织对村民委员会的领导力不强，对基层群众的服务意识、服务能力不强，党组织缺乏活力，党支部班子成员岁数较大，"老龄化"现象突出，对现代科技、农业经济、市场经验等方面的知识储备不足，无法发挥领头人作用。

二是村民自治组织管理水平普遍不高。一些村干部民主意识薄弱，干部群众沟通渠道不畅，部分群众对村务工作不知晓、不理解、不支持。个别村干部仍然存在"家长制"作风，凭人情关系办理村务，涉及群众切身利益的事项，村务管理的过程不透明，结果不公开，没有其他的组织对其进行有力的监督。与此同时，没有建立起完善的村级小微权力清单制度，在一些领域会出现损害农民利益的不正之风，如土地征收、惠农补贴等领域，农村基层腐败问题常有发生。

三是村级集体经济发展滞后。由于农村经济发展基础较弱，组织缺位、人才缺失、产业空虚、治理不善、政策乏力等问题集中出现在村级集体经济中。尤其是在中西部地区，多数村级集体经济组织尚未建立，发展主体缺位，成员权力虚置，"谁来发展"的问题亟待破解；农村集体资源资产开发利用不充分，路径不明晰，"怎么发展"问题亟待破解；村级集体经济"造血"功能弱，"空壳村"比例较高，"活力不足"问题亟待破解。

（二）乡村组织振兴的基本思路

坚持农村基层党组织对乡村振兴的全面领导，围绕农村基层党组织建设，来采取行之有效的措施，对基层党组织的领导作用进行强化，积极整顿涣散的村党组织，选用优秀的村党组织书记，不仅如此还应该加强对村级权力的监督。乡村组织振兴应该以村民自治为基础，以法治为根本，以德治为前提，深化自治实践，不断提升乡村的德治水平；加强基层组织建设，完善基层服务制度，设置科学的乡镇机构，巩固基层政权。

三、乡村组织振兴策略分析

在农村工作中，基础就是农村的基层党组织。农村基层党组织作为与人民群众接触最多的党组织，身上肩负着乡村振兴的使命与责任，不仅如此，农村的基层党组织还是党联系人民群众的重要途径，是带领人民打赢"三农"攻坚战的重要排头兵，同时也是全面建成小康社会的重要推动者和落实者。鉴于此，为了保持乡村形态的稳定性和实现乡村治理的有效性，农村基层党组织应该积极发挥党员干部的先锋模范作用，积极发挥其自身的基层党组织的战斗堡垒作用，不断推动农业农村的改革与实践，推动农村的乡村振兴战略的落实，积极推进社会主义现代化的进程。牢固党的执政地位不仅是全面深化改革的重要基础，同时也是推动各项事业蓬勃发展的重要前提。作为党联系群众的组织基础——农村基层党建工作，已成为党在农业农村中推行各项工作的重要保证，同时，也会不断完善乡村基层治理体系。

加强党的建设是克敌制胜的三大法宝之一，新中国成立之后中共中央和国务院在出台的一系列政策和文件中也在不同程度上明确了农村基层党组织所具有的重要意义。中国共产党在深化农村改革的实践中，对农村基层党组织的建设给予了了极大的关注。加强农村基层党建工作是解决当前农村治理中各种难题的重要措施。

党的组织体系分为中央组织、地方组织和基层组织三个部分。改革开放以来，伴随着经济社会的不断发展，农村基层党组织建设工作得到了长足发展。经过40多年的洗礼，中国共产党在农业农村工作中的重要任务就是农村基层党组织的建设工作，这个任务与中国共产党在农业农村工作的目标相契合。针对农村基层党组织建设中出现的各种问题，自中国共产党第十一届中央委员会第三次全体会议召开以来，得到了不断的改善，促进了新时期之下的农村基层党组织的有效发展和良性进步。中国共产党在改革开放的早期就开始整顿农村基层党组织。在对农村基层党组织进行调整和完善的过程中，坚持以行政村为单位进行党建工作。中国共产党在整顿了农村基层党组织之后，逐渐以法律的形式，对中国农村基层党组织的设立原则以及相关的事宜进行了明确规定。对于任何一个组织中有三人以上的正式党员都应该成立党的基层组织，比如机关、工厂、学校、商店、街道、农场、合作社、人民解放军连队、乡、镇、村和其他基层单位，并且在党章中正式写入了在乡村设立农村基层党组织。在法律上明确了农村基层党组织设计，中国共产党的农村基层党组织发展的目标就是建立一个好的领导班子，培养出一只好的队伍，为乡村发展选择一条适合的经济发展路子，完善好相应的经济体制，对管理制度进行完善和健全。之后，对农村基层党组织的建设目标进行了进一步的界定，坚持党的基本路线，团结带领农民群众奔小康是村党支部和其他组织的根本任务。对于"两手抓，两手都要硬"的方针，农村基层党组织要认真落实，将发展农村生产力这个中心紧紧抓住，不断提高群众的科学文化水平，加强群众的思想道德建设。农村基层党组织不仅要促进生产力的提高，还要不断提升农村群众的文化水平。积极落实和坚持两手抓的政策方针，应该积极建设农村基层组织，建设精神文明，推进民主法治建设。中共中央在1998年10月颁布了《中共中央关于农业和农村若干重大问题的决定》[①]，在该决定中明确了新时期农村基层党组织建设的方向，即"建设有中国特色社会主义新农村，关键在于加强和改善

---

① 人民出版社. 改革开放以来历届三中全会文件汇编 [M]. 北京：人民出版社，2013：114.

党的领导，充分发挥乡（镇）党委和村党支部的领导核心作用，建设一支高素质的农村基层干部队伍"。在 1999 年颁布的《中国共产党农村基层组织工作条例》①中明确指出："乡镇党委和村党支部是党在农村的基层组织，是党在农村全部工作和战斗力的基础，是乡镇、村各种组织和各项工作的领导核心。"中共中央、国务院《关于二〇〇二年农业和农村工作的意见》指出"认真贯彻《中国共产党农村基层组织工作条例》和《中华人民共和国村民委员会组织法》，建立健全坚持党的领导、发挥农村党支部核心作用、保障农民当家做主、切实依法办事的村民自治运行机制"。②

在进入 21 世纪之后，尤其是 2004 年之后，中共中央高度重视"三农"问题，截至到今天已经连续颁布了 15 个关于"三农"问题的中央一号文件，这些文件组成了当前新时期的强农惠农政策体系。

从改革开放到如今，农村基层党组织建设不断演变。纵观历史，我们可以看到，基层党组织在整个农村基层治理中担负着重要的责任与使命。从最开始的坚持"两手抓，两手都要硬"的方针到建设服务型的基层党组织，之后到在乡村治理的过程中要积极发挥党组织的作用。这不仅顺应新形势下农业农村的发展要求，也对农村基层党组织的制度建设进行了加强，对农村基层党组织的各项制度进行了完善。将乡村治理与农村基层党组织相结合，一方面可以保证基层党组织在基层治理中的优势地位，保证意识形态的稳定；另一方面，在新的形势下，党和政府赋予基层党组织新的责任和使命，这就促进了基层党组织的健康发展。在农村工作中，农村基层党组织的建设是一项非常重要的工作，不仅与农村的政治生态有关，而且还与经济的发展和社会的稳定息息相关。由此，要想实现乡村形态的稳定发展，实现乡村治理与农村基层党组织相结合，需要积极建设农村基层党组织，要紧紧抓住意识形态，在乡村治理中要不断强化农村基层党组织的作用和地位，只有这样才能真正实现乡村治理的目标。

---

① 宋士昌，郑贵斌．中国共产党关于"三农"问题的理论与实践 [M]．济南：黄河出版社，2006：137．

② 中国农业机械年鉴编辑部．中国农业机械年鉴 2003[M]．南京：中国农业机械年鉴编辑部，2003：243．

第五章 乡村振兴战略下城乡融合发展及其路径探析

　　本章内容为乡村振兴战略下城乡融合发展及其路径探析，从三个方面展开叙述，分别是城乡融合发展的内涵及概念、城乡融合发展机制建设、城乡融合发展的路径选择。

第一节　城乡融合发展的内涵及概念

一、城乡融合的内涵

融合是指几种不同的事物合成一体，组合词有经济融合、文化融合等。社会学家认为，城乡融合主要指的是城乡之间从之前的互相割裂的状态转变为相互融合的状态，在这个转变的过程中，集聚因素有着重要的作用和地位，需要对资源进行优化配置，从而使生活与经济日趋协调，差距在发展中逐步减弱。经济学界基于经济发展一般规律和产业布局的视角，认为城乡融合要着眼于城乡社会的合理分工，城乡产业的统一布局，对城乡的生产力进行合理有效的配置。不仅如此，还可以促进城乡之间在文化和经济上的交流与合作，只有这样才能促进高质量的城乡融合发展，为城乡经济带来良好的效益。此外，城乡高质量融合发展不仅可以促进生产力要素之间的联系，也可以增强农业和工业之间的紧密联系，带动城乡经济和社会永续发展。从区域空间的视角出发，规划研究学者认为在城乡融合发展过程中，也需要对城乡相关区域进行合理的规划和设计，从而有力地助推城乡整体性、系统性融合发展。另外，从生态与自然环境的视角出发，自然生态学研究者认为城乡高质量融合发展不能忽视环境，不能破坏生态系统，只有遵循自然发展规律，重视城乡生态融合，保障自然生态的可持续发展，才能为城乡高质量融合发展提供环境支撑。

城乡融合也会受到社会制度和社会分工体系的影响，不同的社会制度和分工体系下，城乡关系存在差异，融合的难度也不尽相同。在资本主义制度下，追求剩余价值是其本质属性，资本家为最大限度地获取利益，保证其在经济，甚至政治领域的统治地位，使资本主义社会产生了一种剥削与被剥削的畸形城乡关系，这种关系进一步加剧了城乡的分离，引起乡村经济的破产，城乡矛盾日益扩大。城乡在社会主义制度之下以及当前的分工体系之下，存在着共同的目标，城乡关系也因此出现了根本变化。国家应从多角度入手缩小二者的差距，注重二者的协调发展，逐步促成完善的融合体系。

综合而言，城乡高质量融合发展不仅受到经济因素的影响，也受到产业因素、文化因素、生态因素的影响，同时还会受到国家制度和社会分工体系的制约。城乡关系的发展是一个历史变化的过程，城市是在乡村的基础上发展起来的，随着生产力的发展，又同乡村分割开来，城乡之间的差距在多种要素的作用下逐步扩大。城乡差距不断拉大，在特定的历史时期会成为进一步制约社会发展的因素，为此需要推动城乡高质量融合发展。真正的城乡高质量融合发展不是简单的城乡交流，而是城乡经济、政治、文化、社会、生态各方面的深度融合和发展，不能为了融合而融合，也不能为了融合随意武断地破坏原有的生产生活生态系统，而是要把其看成一个历史的、逐步改进的过程。

二、城乡要素融合理论

城乡高质量融合是城乡政治、经济、文化、社会、生态各要素自由流动、彼此互动、相互支撑和推动的发展过程。城乡高质量融合与发展是一个不断发展的过程，在这个过程中可以分为以下几个阶段：一是乡村衍生集聚为城市的阶段；二是城乡逐步演化割裂的阶段；三是城镇集聚功能日趋完善的阶段；四是开始掌控和占用乡村资源的阶段；五是城乡关系紧张并有对立趋势的阶段；六是城镇资源开始反过来配置在农村周边的阶段；七是乡村与城市互帮逆回流的阶段；八是城乡共生共荣与融合的阶段。在以上这些阶段中，出现了很多的城乡要素发展理论，具体的框架如图5-1-1所示。

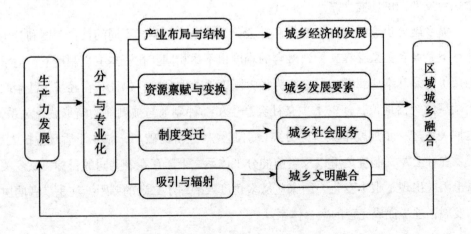

图 5-1-1　城乡融合理论框架示意图

城乡各发展要素融合最终的目的是实现城乡要素的合理配置，应始终坚持市场在资源配置中的决定性作用，根据本地区的实际情况进行权衡。要想达到城乡要素双向流动，需要注意以下几个方面：首先，要以人的发展为核心分析人力资本要素在城乡分割到融合的各个发展阶段的情况；其次，在新时期，面对日益复杂多变的发展情况，城乡发展应该本着互帮互助、共享共生的方针，实现向农村延伸城镇公共服务和资源的目标，不断加快城市的人才、技术和资本向农村转移的过程，让生产要素，比如资本、科技、劳动力等在农村充分发挥其积极效益；再次，要着力提升农民工素质，使其向高素质人力资本转化，增强乡村社会发展后劲；最后，也要注重发挥区位优势和资源禀赋的优势，加强城镇与乡村区域的合作融通，促进交通物流等基础设施建设互联互通，带动城乡地区货物和服务贸易的顺畅衔接，提高城乡要素流动水平。

第一，促进经济要素在城乡的高质量融合发展。经济学界立足于产业布局和经济的增长，认为城乡融合不仅可以促进城乡生产力要素资源的合理配置，促进城乡经济、文化交流，而且可以增强农业和工业的紧密联系，保障自然生态的可持续发展，从而实现最优的经济效益、生态效益。综合来说，城乡高质量融合发展需要经济融合，需要遵循商品经济发展的规律，需要按照市场价值规律、交换规律、竞争规律进行，需要统一生产和流通，而不是形成新的地区分割，建立条块经济关系。城乡高质量融合发展也是城市市场和乡村市场的结合，是城市经济效益和乡村经济效益的共同实现，就其本质来说，是工农结合，借助于城市的优势来促进乡村的发展，在不断发展的过程中缩小工农业之间的差距，促进农业现代化、农村城镇化以及乡村工业化的发展与实现，达到消除城乡差距、工农差别，进而消除脑力劳动和体力劳动差别的目标。

第二，实现文明要素在城乡的高质量融合发展。城乡融合的基本特征就是互为依存与共生和谐，立足于文明演进的视角，历史是不可以被割裂的，从社会变迁来看，乡村是不可以被消灭的。城乡文明的融合着力从文化精神层面缓解因经济、科技各方面造成的城乡之间的分离和割裂状态，减缓城乡矛盾，力求实现城乡文化协调发展，城乡文明互补共赢，使人们在田园城市和诗意乡村中自由切换，获得更多的幸福感与归属感。

第三，促进服务要素在城乡的高质量融合发展。在社会服务方面的城乡融合可以改变原本的城乡关系，使其出现质的改变。随着城乡社会保障水平趋于平衡与完善，城乡居民的基本生存和发展权利将得到根本保障。与此同时，仍然需要加大共享社会福利力度。一方面，要以智能大数据为核心，走智能化城乡融合道路，实现城乡社会保障服务和程序的"智能化"，如采取智能办公、申报税款等，精简行政办事程序，保证服务的便民性；另一方面，要引导社会资本为城乡融合发展提供服务，保障信贷和金融服务，尤其要加大对第一产业的扶持力度，加强在公共服务方面的支持，不管是政策上还是技术和资金上都应该大力支持，以此来吸引金融银行进入城乡市场，为其服务。在此基础上，各有关行政团体和组织要在"四化一体"和可持续发展的理念下加强对区域内发展状况的调研，积极推动城乡融合高质量向前发展，走出符合当地实际的特色化城乡融合道路。

城乡融合发展是人类历史发展的必经阶段，在此过程中，表现为经济结构的优化升级、农民身份的转变、土地利用的非农转化、生活方式的城镇化等。通过各种各样的变革，可以促使城乡经济高质量发展、技术互通共享、环境共存共荣、文明互补共赢、各要素双向流动，进而使各方面差异逐渐缩减乃至消融。

第二节　城乡融合发展的机制

我国在城乡高质量融合发展过程中有不少实践与努力，主要是通过推动建设各种高质量融合发展机制，例如，市场和政府的推进机制，城市拉动机制，资金、技术、人才等的融合机制等，这些实践取得了一系列的成果，也发现了不少需要改善的地方。

一、城乡融合发展的推进机制

当前，城乡融合发展中非常重要的推动力主要包括市场与政府的推进机制。

首先，就市场推进机制而言，只有在市场经济体制下，价格、销售、利润、资本、人力等要素才能按照市场规律自由流动、变化，实现优胜劣汰，形成竞争驱动发展的态势。现阶段，我国实行社会主义市场经济体制，从而使得农村剩余劳动向城市流动，城市剩余资本向农村流动，其他各要素也可在城乡间自由流动。乡村农产品可以销往城市，促进了农产品的产量，使得农村经济取得了长足的发展；城市先进的产品也可以进入乡村，尤其是随着我国城镇化进程持续推进和农村经济的持续发展，在农村地区，对于城市的工业和文化产品等在整体上呈现上升的趋势，这就促进了城市工业的发展以及高新技术产业的发展，以此来对城市的发展起到推动和促进作用。由此可见，在市场机制作用下，城乡之间互通有无、互惠互利可以使得城乡居民的生产状况、消费结构得以持续改善，这种城市与乡村之间的相互支持与发展自然有利于城乡的融合发展。

其次，就政府推进机制而言。政府是城乡融合发展的根本推动力量，具体表现在以下方面：第一，对于城乡融合发展程度来说，政府的经济发展战略和发展的理念会起到决定作用。有什么样的经济发展理念和战略思想就会产生什么样的城乡发展政策。比如，许多发展中国家只注重城市的发展，忽视乡村的发展，就会在资本、技术、产业支撑上偏向城市，忽视农村，使乡村经济成为城市经济的附庸，长此以往则导致城乡差距拉大，城乡经济、社会发展严重不平衡，城乡二元格局形成。这也势必制约整个国家的发展。我国在发展的过程中，曾经一度偏重城市的发展，但是现阶段也有出台很多政策扶持乡村发展，如"三农"政策、乡村振兴战略等，号召先富带动后富，实现城乡协调发展，最终实现共同富裕，这就为实现城乡融合发展奠定了坚实的政策基础。第二，政府政策执行的程度也会对城乡融合发展产生直接影响。特别是政府制定的比如户籍政策、土地政策、社会保障制度、财税政策、金融政策等各种经济政策会对城乡经济的发展产生直接的影响，决定城乡发展的方向。就具体的户籍制度而言，农业户口与非农户口的区分不仅在社会文化心理上造成隔阂，而且会直接形成城乡二元结构，城乡社会不公平加剧，劳动力在城乡之间很难进行自由的配置和流动，这就会出现人力资源利用率非常低的情况，阻碍了城乡融合发展。

二、城乡融合发展的动力机制

（一）城镇化拉动机制

社会生产力发展到一定阶段必然产生城市，城市的发展意味着资金、技术、劳动力等要素的集聚，工业和第三产业也蓬勃发展起来。城镇化的过程一方面拉大了城乡之间的差距，另一方面在一定条件下也可以促进城乡融合发展，具体表现在以下几方面：

第一，农村的剩余劳动力可以在城镇化的趋势下进行加速转移。随着城镇化进程的稳步推进，会出现很多劳动密集型的产业，而城市的劳动力又明显不足，因此，农村大量的剩余劳动力就可以进入城市就业。这样可以缓解农村剩余劳动力压力，为农民增收提供良好的途径，也可以通过相关技术和人才的交流，缩小城乡差距。

第二，城镇化可以加速农业现代化。部分农村地区农民的经营意识薄弱，劳动生产率较低，人口负担繁重，极大地阻碍了农村经济的自我积累和长足发展。城镇化的发展可以使大量的农村人口转入城市的二、三产业，掌握新的技术理念、服务理念和科学理念，将原有农村耕地承包给他人经营，则可以进一步促进农业的机械化和规模化发展，促使农业劳动生产率得到提升，促进农业的现代化水平的提高。

第三，城镇化可以缩小农业和工业、第三产业之间的差距。随着城镇化的发展，工业和第三产业的发展远远领先于农业，农业劳动生产力水平低于工业和第三产业劳动生产力水平，农业的创收能力低于工业和第三产业的创收能力。通过推进城镇化进程，农业人口向城市转移，一方面可以促进农村的劳动力向非农业生产领域进行转移，另一方面也可以促进农业人口学习到新的理念和技术，在这个过程中不断提高自身的素质，提高农业的生产效率。

综上，城镇化是拉动乡村发展、促进城乡融合、缩小城乡差距的重要推动力。就当前来说，我国依旧需要引入先进的发展理念，发挥科学技术在推动城镇化发展过程中的重要作用，基于此来促进乡村地区经济的发展。

（二）生产率促进机制

生产率促进机制是指通过全要素生产率（TFP）提高促进城乡经济协调发展、互动发展、融合发展。马克思认为，农村人口分散、城市人口集中并不是始终如此的，而是只限于农业发展有所欠缺的阶段，伴随着生产力的不断发展，城乡之间对立的现状得到了极大的改善，促进了城乡融合发展的实现。对于我国而言。一方面，依托资本进行的技术研究和科学发展，促使全要素生产力提高，城市形成纵向分工，城市经济得以持续发展，城市生产的产品和服务可以极大地满足整个社会对于产品和服务的需求；另一方面，在城市发展的大背景下，城市中的资本逐步流入农村，近年来投入农村的资本呈现出逐年上升的趋势，促使部分农村地区全要素生产率提高，甚至投资利润都超过了城市，这就为农村社会的持续发展和进步提供了生产力要素支撑。此外，在市场在资源配置中起决定作用的前提下，各生产要素可以自由流动和配置，促使城市的技术、管理以及生产设备流入农村，尽管这样会导致一部分的农村劳动力很难进入城市，但是这样对于城市和农村的全要素生产率会逐渐倾向于社会全要素生产率。这有利于城乡融合发展，但值得一提的是，国家的城镇化的发展水平会对生产率对于城乡融合发展的促进作用产生很大的影响。如果一个国家的城镇化水平较低，对于乡村的发展来说，一方面失去了城市的拉动力，另一方面还会导致非常多的人口流入城市，在这样的情况下会出现城市压力增大、耕地荒废等问题。所以，未来我国的城乡融合发展理论与实践的重点在于合理、科学的推进我国城乡融合发展。

三、城乡融合发展的融合机制建设

对于城乡融合来说，这是一个长期的进程，不是一朝一夕就能完成的，也不是僵化的、生硬的结合。在我国，城乡融合的机制中，最早的表现是城乡要素的融合机制。推动城乡要素流动一直以来是城乡要素融合机制的核心。长期以来，我国在土地制度的改革和发展城乡关系的过程中，都采取了"三权分置"的做法，即通过一系列的改革措施促进土地所有权、承包权和经营权的合理分配，并形成了一种崭新的土地制度，使土地的所有权、承包权和经营权既具有其特殊的作用，又具有整体的功能作用。新型的土地经营体系因为"三权分置"①得以建立，促进了土地资源的合理配置，提高了土地的利用率和产出率，同时也提高了农户的劳动生产率，进一步推动了城乡要素自由、充分地流动，从而加快了城乡融合发展。其次，城乡融合机制体现为城乡产业融合机制。与城市丰富多样的产业结构相比，农业结构较为单一，相关产业间融合的深度、广度都不够，极大制约了农产品的深入加工，农业经济的持续高质量发展，也不能满足城乡居民对农业产品的需求。鉴于此，应充分挖掘城乡居民对农村土特产品、文化产品、生态与艺术产品的需求，对农村农业进行功能性开发，逐步突破各个行业的障碍，充分利用乡村特有的文化资源、自然生态，促进各个行业的融合发展；同时，要强化农村各个行业的供给侧结构性改革，转变传统的、单一的、初级的产品供应方式，通过深加工和精加工来保证农产品的质量，满足城乡居民个性化、定制化消费需求的不断提高。与此同时，不断加强农村和城镇之间的联系，有力推进城乡融合发展的实现。

第三节　城乡融合发展的路径选择

一、城乡融合发展是必然趋势

（一）生产力发展的要求

随着社会生产力的不断发展，城市和农村之间的关系将发生深刻的变革。城市与农村之间的矛盾仅仅是生产力发展的一个阶段，并不是其发展的必然结果和最终的形式。在生产力的持续发展中，城市与乡村的对立现状会被改变，实现城乡之间的融合发展。在不同的生产力的发展阶段，城市和乡村之间的关系会出现不同的表现形态，比如城乡分离、城乡对立、城乡一体、城乡融合等，这些都是生产力与生产关系在现实世界中的体现。根据马克思历史唯物主义的观点，社会生产力的发展必然会在各行各业中产生精细化的社会分工，进而使得城市和乡村

---

① 韩冬，何理，徐臻. 农民土地财产性收入研究 [M]. 成都：四川大学出版社，2020：145.

分离。正如前文所讲，这只是阶段性的形态。更进一步，随着社会生产力继续向前发展，必将在未来的某一阶段再次转变社会分工关系，即旧的社会分工终将被新的、更高阶段的分工形式所取代。换句话说，当过时的分工关系被取代，城乡融合也成为必然。从生产力和生产关系二者关系上看，生产力发展到质变阶段最终也必将引起生产关系的深刻变革，立足于中国宏观经济的视角来看城乡关系，生产关系的重要表现形式之一就是城乡关系，社会生产力发展的必然阶段之一就是城乡融合。我国社会主要矛盾在社会主义的初级阶段就是人民日益增长的美好生活需要和不平衡不充分的发展之间的矛盾，这一主要矛盾，在社会主义初级阶段和社会生活的各个层面上都存在着。因此，把重点放在发展社会生产力上，是我们的基本任务。

改革开放后，各种引进外资的政策落地生根，极大地促进了我国生产力的发展。但必须认识到，生产力进一步向前发展，不可避免地导致了生产关系的变化。为了缓和城乡之间发展的不平衡性，城乡一体化、城乡统筹发展等概念不断被提出，并且在我国进行实践的过程中，逐步取得了预期的成效。但究其本质，生产力发展到不同的历史阶段会呈现不同的社会分工状态，生产力进一步发展缓和了城乡之间的对立关系，进而促成了城乡融合发展。因此，从唯物史观的角度分析，社会生产力的不断发展必然会导致城乡融合发展，这也是社会历史发展规律的必然。

（二）中国特色社会主义制度完善的要求

各项制度的统筹安排有利于城乡融合发展。城乡融合，也是在一定的制度设计和安排下，在具体实践过程中逐渐形成的城乡之间整体性、协同性的融合发展关系。从整体上看，制度安排对促进城乡融合的发展进程具有直接的、决定性的作用。从局部上看，结合实际情形，针对性的制度安排对城乡融合的各个方面都有不同程度的影响，且发挥作用的机制也不一样，各项制度在整体性、系统性、协同性方面一起发挥作用，共同决定了城乡融合发展的进度、深度、广度。

从经济体制安排来看，城乡融合过程中的核心部分和关键环节是城乡经济的融合，要实现城乡融合发展，就必须根据我国的实际情况、城乡特征，根据两者的相互影响和自身的发展规律，制定相应的制度安排。

近几年来，我国一直在努力突破城乡二元的经济体制，在农村地区，建立和实施产权制度、金融制度、财政制度，以期为农村经济发展提供科学合理的制度安排，从而逐步缩小城乡间的不均衡。我国在长期历史实践中不断累积了城乡融合的经验，只有合理设计并推进落实各项具体的经济制度安排，城乡才有可能实现融合。

在政治制度安排方面，我国在全面深化改革阶段，应该把对于政治制度建设的加强和完善提到一个非常重要的位置，对于政治民主协商制度要进行完善和发展，以此为基础来推动我国社会主义现代化进程的稳步向好发展。近年来，政府对农民政治利益诉求的关注有进一步提升，各级政府为了让广大农民群众有更畅通的渠道进行利益表达，通过改革基层政治制度以提高人民代表中农民人数的比例，虚心听取农民群众的各种心声，致力于真正解决好关乎广大农民生活的"三农"问题。只有提高农民群体的政治地位和人大代表中农民数量的比例，农民才能够更畅通、更充分、更真实地发表意见。要在汇聚、整理、分析农民所遇到的疑难杂症后进行对症下药，发动广泛的社会资源和力量，共同推进农村经济的现代化发展，从而实现城乡之间的优势互补，共同发展。政府要通过城乡之间各个生产要素的灵活流动，逐步缩减城乡之间的经济发展不平衡性，最终实现城乡的融合发展。

在文化制度安排这个层面：一方面，传统的城市和农村文化观念决定和影响了我国长期以来的金融制度、户籍制度、服务供给、公共产品等制度，这些固有的文化观念外化体现于制度层；另一方面，"重工轻农"的文化思想的惯性力，极大程度地制约了城乡之间的融合进度。近年来，我国从文化制度统筹安排的角度出发，为了弥补农村教育资源的缺失问题，一步步增加在农村文化教育资源上的投入力度，加大在其上下游产业链的投入力度，加强各个生产要素之间的流通。不仅如此，还应该积极鼓励大学毕业生去农村地区发展和教学。为此，应该积极提高乡村教师的收入和社会地位，加强乡村教师职业的获得感，等等。这一系列措施有效地提高了村民的整体文化水平和认知能力，为加速农村现代化进程提供了重要制度保障，而且也增进了城乡之间文化交流。综上所述，我国对城乡文化制度整体统筹安排工作力度的不断加强和各方面配套设施的逐步跟进和完善，必将为推进城市与乡村的进一步深化融合发展提供有力的制度保障。

二、城乡融合发展的路径选择

（一）强化政策引导，促进生产要素双向流动

目前，城乡生产要素的双向流动不畅，这影响了城乡融合的发展。针对这个问题，在未来，我们应该积极在政策上加强引导，对城乡资源各个要素之间进行优化配置，实现生产要素的灵活流动。从前文的分析可以看出，在市场经济条件下，这些生产要素和生产资料的拥有者和使用者都拥有很大的自主性和支配权。随着生产力的发展，在经济、文化等各方面，城市都占有优势，进而产生了聚集效应，导致了市场中的主体将生产要素配置在城市，主要原因在于可以追求更高的投产比。因此，从长远的角度思考，在短期内要使市场主体自发地将生产要素及各方面综合性资源配置到农村地区相对比较困难，所以需进一步加强有力的政策引导，促进生产要素和各类资源在城乡之间的灵活双向流动，以此激发潜在的市场活力。

就传统的农业社会结构来说，社会化分工还没有朝着精细化的方向发展，对于军事、立法、行政、司法等都是与其他社会行为混合的，并不用进行独立的分工。这种固有的行政方式决定村级基层政府的主要任务是进行土地资源的配置，而且农村行政事务常带有鲜明的血缘宗族色彩，这种在农村普遍存在的传统家长制行政方式一方面导致权力过于集中，另一方面也使政府与基层民众沟通不够充分，村民没有畅通的表达渠道。

随着生产力的发展，现代社会分工越来越深入，尤其是在农村体现得特别明显，政府的职能更加清晰和明确，政府在基层的职责划分上也更加细化，各个部门也可以进行有效的协调、统筹工作，可以加强内部的交流合作，这极大提高了政府部门的行政效率。在这一行政模式下，基层民众在人民代表大会中的人数比例提高，畅通民意表达的渠道，使政府的行政行为越来越符合广大基层群众的利益，有利于在更大的程度上满足民众的基本诉求。因此，在广泛听取民众意见的

基础之上，要根据各地的实际情况，制订和实施有目标的政策。引导和推动生产要素在城乡间的双向流动。各级政府要在充分调研、把握实情的基础上对生产要素向城市单向流动的问题进行系统性分析，总结影响资源要素单一流动的各个影响因素，促进各种资源要素在城乡间的灵活流动。为实现吸引互补的有效性和城乡互惠互利的可持续，要把主体要素上下游相关产业链通过政策进行合理的引导，这种扶持政策必须带有长期性而非阶段性，要让掌握强势资源的主体能够长期获益，并且带动其他相关要素资源的投入，从而从各个方面综合推动农村地区的发展。

此外，政府需要结合本地实情，逐渐加强各项政策的倾斜力度，建立新型的农业经营制度，以吸引各种生产要素和相关资源，逐步实现城乡间各种生产要素的自由双向流动，进一步缩小城乡发展的差距，减少不平衡。在实施的过程中，要不断地提升农业的近代化水平，尤其是促进农业自动化、机械化、信息化的发展。农业生产逐步实现现代化的过程中不仅能够使农民摆脱繁杂的农业体力劳动，而且能够一定程度实现人的解放和自由，促进农民的体力劳动转向专业化社会分工的脑力劳动，从而在更高的程度上发挥社会生产效益。乡村振兴战略的关键一步还在于引进人才，我国需要进一步结合"三农"发展现状和特点，持续培养各方面的高素质人才，加强配套设施的供给，特别注重医疗、教育、交通协同发展，以此提高农村对高素质、高层次人才的吸引力。在城乡融合发展过程中，政府要改善城乡之间的不平衡性，改善农业生产方法，调整农业生产结构模式，通过引入先进技术和人才要素提高农业现代化水平。通过推进农村和城市的信息化水平，挖掘城市对农村生产资料的需求，以城乡之间的市场为导向，提高互给产品的供给质量和数量。利用大数据智能分析，预测相关产品的供给和需求量，要不断实现工业和农业产品的规模化经营，以此来吸引城市的资金、技术和人才，打下良好的城乡融合的发展基础。

（二）推动实现城乡生产要素的公平交换

对于城乡生产要素很难进行公平的流动这个问题，我国应当在已有的宏观调控政策下，在遵循城乡一体化发展的互补性原则上，把利用市场机制作为解决该问题的主要途径，合理配置流动于城乡间的各种资源，以此实现城乡经济社会的融合发展。所谓利用市场机制，就是发挥市场在资源配置中的决定性作用，推动城乡间土地、资金、人才、技术等资源在地域空间的科学流动、有效组合。

其一，在土地要素的公平流转方面，要加快城乡土地体制改革，构建城乡土地要素的市场化流转机制。从产权制度上看，要始终坚持政府与市场相统一、自愿有偿与依法有序相协调的方法原则，努力构建城乡一体化土地产权制度，区分开和凸显出城乡土地流转本身所具有的自然人和企业法人两重属性。从管理服务体系上看，要坚持城乡土地的实际价值、评估价值与流转价值相一致的原则，积极建立和完善城乡土地公平流转的相关管理和服务，有序有效、合理合法地开展城乡土地流转，真正实现城乡土地要素的公平流转。

其二，在资金要素的公平流动方面，要加大财政资金投入力度，并引导其与社会主义市场经济体制相适应。一方面，要从城乡间的实际情况出发来加大财政资金投入力度，特别是针对乡村，要实施各种具有一定优惠性、倾斜性的税收政策，开展对口经济支持，充分有效地发挥国家财政在促进城乡产业结构调整、加快城乡生产要素公平流动、推动城乡区域协调发展等方面的宏观调控作用，以此促进资金要素的公平流动和城乡融合发展。另一方面，要坚持以社会主义市场经济体制为城乡经济融合发展的基本经济体制，促进城乡间的公有制经济与非公有制经济协调统一，构建有利于实现资金要素公平流动的市场机制。通过鼓励、支持和引导农村非公有制经济发展，引进各类外资，为农村经济社会的发展提供充足的资金保障。另外，我国不仅应在农业领域加大外资的投入，还要把重点放在农村的龙头企业和特色产业上，让它们在推动农村、特别是发挥其在农村各种资本要素的公平流动中所起到重要的作用。

其三，在人才要素的公平交换方面，实现城乡优秀人才的互动是关键。一直以来，都是农村剩余劳动力向城市转移，农村受到高等教育的人才留在城市就业和生活，城市高新技术人才流向农村的比例特别低。这主要是长期以来的城乡二元结构导致的乡村在各项经济技术条件、基础设施、社会保障、人才引进机制等方面的落后，也与人们的观念有关，大多数人认为城市优于农村。去乡村就业是一种没出息的表现。这大大阻碍了城乡间人才的正常流动。鉴于此，未来一方面应通过户籍制度的改革，放宽户籍迁徙的限制，构建科学、有效的人才管理、社保衔接机制，为城市回流到乡村的人才提供足够的保障措施，消除其后顾之忧；另一方面，也要通过教育、通过城乡更多的互动交流，更新人们的陈旧观念，树立新型的城乡一体化、城乡融合、城乡优势互补、城乡平等等理念，引导中青年人才去农村就业，并且使其拥有令人羡慕的生活品质。这样在农村地区经济发展中的各类优秀人才才可以形成集聚，农村人才素质才可以提升，最后，在城乡空间流动中，实现各种类型的人才同工同酬，为推进城乡一体化发展提供了坚实的人才保障。

其四，在技术要素公平交换上，要强化技术资源整合，强化技术扩散机制的建设和完善。技术扩散是指技术在空间上的迁移与流通，技术的迁移与流通应主要着眼于城市技术向乡村的流动，城市技术支持乡村发展，为传统农业实现技术升级提供动力，确保农业生产效率的提升。首先，要加强农村科研机构的建设和科研人才的培养，强化与科研院所和专家人才的合作，打造本土化、专业化的农村科技队伍，做好科研成果在农村地区的承接、利用与推广；其次，应进一步创新科技支农渠道，提升品牌科技含量，支持乡镇龙头企业，强化农村产业基地建设，实现科学技术真正为农业、农村、农民服务。最后，应该让科学技术与绿色农业、新品种培育等工作有效衔接，延伸农村产业链。

（三）改革城乡户籍制度，促进城乡人口流动

当前，如何来促进我国的城乡融合发展，如何实现人口的自由流动，首要的就是要改革城乡二元户籍制度，从制度层面上摒弃农业人口和非农业人口的户籍差异。从影响上看，二元户籍制度直接造成了我国城乡地域分裂和城乡居民群体的分割，由此衍生了一系列的社会问题，如贫富差距、身份歧视、高考分数线差异等。在之后的发展中，应该要对城乡二元户籍制度进行改革，以此实现对城乡人口流动的壁垒，这可以促进城乡人口的自由流动。

首先，做好改革二元户籍制度的立法工作。二元户籍制度本身就是以法律的形式确立的一项户籍制度，改革自然也要从法律这个源头抓起。改革二元户籍制度的主要目的在于保证乡村和城市一样具有公平、公正的制度平台，只有依托于

这样的竞争平台，才能使乡村有更多的发展机会，更大的发挥空间，进而为农村的发展提供更多的内生动力，进一步促进城乡融合发展目标的实现。户籍制度立法是二元户籍制度改革的重要支撑，新的户籍法规要做到以下两点：一方面，应对全体居民权利和义务保护原则予以说明；另一方面，要避免存在城乡居民身份的歧视现象，通过发挥法律的保护作用，最大程度保护居民居住或迁徙的权利，严厉打击各种地方保护主义形式以及政府等部门的不良干预对居民造成的伤害，确保居民的基本权利得到实现并充分享有社会公共福利，争取在制度上为城乡的融合发展打下坚实的基础。

其次，逐步消除城乡户口划分，使之与改革后的户籍制度相适应。户口划分在城乡居民中间形成一道鸿沟，即城乡居民身份等级差异意识，城市居民自视高农村居民一等，农村户口居民又对自己的身份愤愤不平。与此同时，这也成为制约城乡地区人口均衡发展的制度因素，对城乡人口的自由流动产生了严重的限制。长期以来，我国的"农转非"是带有一定的计划性的、指标性的。为此，只有进一步加大户籍制度的改革力度，打破农村与城市长期以来的二元制结构，才能逐步实现城乡融合发展。需要注意的是，在改革的过程中，应坚持居住地户口登记的基本原则，建立全国统一的户籍管理体系，逐步废除原有的户籍管理体制，采用新型的人口管理体制。这有利于进一步促进城乡人口的自由流动与融合发展。需要强调的是，宏观的户口制度的改革的范围很广，包括土地、医疗、教育、保险等领域，但在最近几年，某些城市对户籍制度的改革仅仅进行了相应的调整修正，并没有深入进行，户籍改革仍需要一个相当漫长的过程。

（四）统筹城乡社会事业发展

推动城乡融合发展并不是只依靠某一方就可以完成的工作，统筹两者之间的复杂关系、取长补短才是有效的措施。由于长期以来的政策倾斜，城乡在各个方面的发展都存在着较大差异，尤其是社会事业的发展，这个给我们统筹城乡发展工作带来了巨大的挑战。因此，未来我国还应在社会事业这块多用力，使城乡发展在社会事业的领域中慢慢缩小差距。对于统筹城乡社会事业发展的策略，本书主要从以下几个方面展开详细的研究：

一是在教育领域的城乡统筹发展。城乡之间教育差异非常突出的地方体现在教育资源的分配不均上，对此，我国应该继续加强城乡统筹，坚持"四位一体"发展战略，合理配置城乡教育资源。在具体的操作上，一方面，加大对农村教育的资金投入力度，将教育资源的天平向乡村倾斜，进一步完善乡村的教育设施硬件，如校园图书馆、体育器材等，使农村的孩子们能够完全地享受到教育的过程；另一方面，要加强对农村中小学教师的素质教育，定期开展教师培训，让他们了解到目前农村基础教育存在着薄弱环节并提出有效的解决措施、使农村基础教育水平得到质的提高。此外，还应注意到教育不仅仅是教师和学生以及学校的事情，每一个家庭都有参与教育的过程，但是农村的部分家长不重视教育，这给农村的教育普及工作带来了一定的难度，因此，要从整体上提高农民的思想文化水平，使其认识到教育的长远意义，进一步缩小城乡居民在文化和综合素质方面的差距，促进城乡教育对接与融合。

二是在医疗方面的城乡统筹发展。相对于城市健全的医疗保障制度以及较高的医疗水平，农村的医疗条件较差，农村人口看病难、看病贵长期得不到解决，这影响了农村居民的幸福感，导致人们的生活质量提升不明显。针对这个问题应该积极健全农村地区的医疗保障制度，确保农村人口的基本医疗需求得到满足。在施行过程中，可以借鉴城市的医疗保障制度，为农村人口分配更多的医疗保险金额，最大程度上减少农民在医疗保险方面的支出，对农民的看病难和看病贵的问题进行解决。对于医疗资源在农村的投入要加大，首先政府等相关部门要做好政策引导，逐步引进先进医疗设备和专业医疗人才，培养一批扎根农村医疗事业的优秀医疗工作者，从整体上提升农村的医疗水平。

三是在文化方面的城乡统筹发展。城乡文化统筹发展是指在农村与城市之间，使精神文化、物质文化与市场进一步融合，形成一定规模的文化产业，这是打破我国长期以来城乡二元结构的关键。它的作用在于借助于文化的融合来对城乡居民之间的文化冲突进行化解，对于各自的文化，保证城乡居民形成认可，在差异中追求平衡。如何做到城乡文化的统筹，一方面，应均衡发展城乡文化，通过有效的城乡文化交流，使城市居民与农村居民对彼此的文化有更加深刻的理解，尤其是要了解彼此的文化差异，学会在尊重差异中取长补短，建立一个相互融合的城乡文化体系。另一方面，加强城乡文化市场与产业的相互融合，这要求在城乡间建起一条完善的文化产业链，城市和农村均可以在这个平台上展示自己的文化，把文化的社会价值充分地发掘出来，使之在文化市场中变成巨大的产业利益。另外，在城市和乡村中间培养文化融合意识，增强文化认同感，因此实现城乡文化的融合发展。

（五）深化改革开放，引导外资流入

改革开放以来，我国经济飞速发展，改革这一重要举措极大激发了个体生产积极性，在逐步扩大改革开放局面的同时，要较为适宜地制定各种可行的方案。但"先富带动后富"的同时，贫富差距特别是区域发展的不平衡性应得到重视。这种区域性经济发展的不平衡性，宏观上表现为沿海地区和内陆发展的不平衡，微观上体现为城市和乡村之间的经济发展不平衡性。但从暂时性来看，这种发展的不平衡性和片面性有其历史发展的必然，这种必然是阶段性的表现。为了促成各类生产要素在城乡之间的灵活流动，需要不断深化改革，改革开放应该将城乡之间的逐步融合作为重要的战略目标，把对外开放和对内改革衔接起来，把二者看成系统的一部分，并且稳步合理推进，实现城乡融合的稳步协同发展。同时加大对内的改革力度，在农村地区，国家应该加大倾斜的流利度，以此来吸引资源和生产要素，通过柔性嵌入式改革对户籍、教育、土地、医疗等方面进行持续性深化改革。我国基本国情决定这场改革是全面、深刻的，但改革不能带有盲目性，必须基于各地区城乡差距的实情进行政策调整，逐步实现城乡各个领域之间的对接和融合。

在对外开放方面，过去40多年经济的高速发展极大提高了我国经济生产总量和综合国力，国际影响力和外资吸引力也在深化，改革力度持续性加大，这一良好的态势为缩小城乡之间发展的不平衡性提供了历史性的重要机遇。现阶段，在实行乡村振兴战略的同时，我国应以农村发展为重点，进一步出台各项优惠政策，以推动农村发展，使农村成为一个对各个生产要素具有持久吸引力的区域。

既要重视生态文明建设，又要加强农业投资，为农业的发展注入相关的产业要素和人才配置，持续推进农业集约化发展进程，并带动农村居民就业率和社会保障，只有逐步缩小与城乡居民的收入差距，提高农村居民的生活质量。城乡融合的发展才能形成可持续性的局面。

第六章　乡村振兴战略下劳动就业与城乡融合发展

　　本章主要内容为乡村振兴战略下劳动就业与城乡融合发展，从三个方面展开叙述，分别是我国劳动力市场的历史与发展原因、劳动就业与城乡融合互动关系、劳动就业对城乡融合的启示对策。

第一节　我国劳动力市场的历史与发展原因

一、我国劳动力市场的历史回顾

中华人民共和国成立后，由于采取了优先发展重工业为目标的"赶超"型发展战略。我国传统计划经济体制中，国有企业没有生产经营自主权，用工和工资完全由国家计划安排；在农村粮食统购统销与产量的矛盾促成农业经营的人民公社化。所以我国的"赶超"发展战略内生了劳动力资源配置方式的"统包统配"的就业制度，劳动力统一调配，实际上是取消了劳动力市场。随着改革开放的到来我国从传统计划经济体制转向社会主义市场经济体制，作为传统计划经济体制重要组成部分的劳动力资源计划配置体制逐步被与社会主义市场经济体制相适应的劳动力资源市场配置体制所取代。与此同时，我国劳动力市场从无到有逐步培育起来。

初始孕育阶段（1978—1984）。一方面，农村联产承包责任制的施行，释放出了大批农村剩余劳动力，他们急需寻找新的就业门路，与此同时，陆续回城的大批上山下乡知识青年和城镇累积的待业人员以及新成长起来的劳动力难以全部被体制内所吸收和安置，需要自愿组织起来就业和自谋职业；而另一方面，城乡个体经济的快速发展和乡镇企业的迅速崛起，产生了较大的劳动力需求。这种劳动力供求之间的对接包括劳动力价格的决定等基本上是通过市场来完成的。

另外，1980年8月，中央召开了全国劳动工作会议，制定了"三结合"的就业方针即"在国家统筹规划和指导下，实行劳动部门介绍就业、自愿组织起来就业和自谋职业相结合"。这一方针的提出和实施，标志着国家在一定程度上赋予了劳动者自由支配存在于自己身体中的劳动力的权利，并允许在以劳动力资源计划配置体制为主的前提下，发挥市场配置劳动力资源的作用。

逐步发育阶段（1984—1993）。在这一阶段，我国劳动力市场开始分别从体制外和体制内两个层面逐步发育起来。所谓体制外劳动力市场，是指传统计划经济体制之外的劳动力市场，主要包括以乡镇企业为需求主体的农村体制外劳动力市场和以"三资企业"、城镇个体户、私营企业为需求主体的城镇体制外劳动力市场。促成这一阶段劳动力市场发育的主要因素有以下几方面：其一，乡镇企业的异军突起为吸纳农村剩余劳动力开辟了新的渠道，也大大推动了农村劳动力市场的发育；其二，伴随着城镇经济的快速发展和户籍制度改革带来的城乡分割体制的松动，大批农村剩余劳动力涌入城镇，并形成了举世罕见的"民工潮"；其三，国有企业的改革扩大了国有企业的用人自主权，也为农村剩余劳动力进入国有企业当临时工提供了可能；其四，非公有制经济的发展。包括个体经济、私营经济和"三资"企业在内的非公有制经济迅速发展起来，成为吸纳农村剩余劳动力和从体制内游离出来的"下海"人员就业的主渠道。

区别于体制外劳动力市场，所谓体制内劳动力市场，是指传统计划经济体制之内的劳动力市场，主要包括国家机关、事业单位、国有企业内部及其相互之间以市场为手段进行劳动力资源配置形成的劳动力市场。这一阶段推动体制内劳动力市场发育的主要因素有：其一，国有企事业单位的改革，尤其是国有企事业单位用人自主权的扩大。这不仅进一步为吸纳农村剩余劳动力进入国有企事业单位就业创造了条件，也为在国有企事业单位内部及国有企事业单位之间建立干部职工职务能上能下、工资能高能低、单位能进能出提供了可能。其二，劳动力就业制度的改革。主要是对企业招用工人采取面向社会，公开招收，全面考核，择优录用的原则，并对新招的工人统一实行劳动合同制。这两项制度的实行，在一定程度上实现了国有企业用工方面的双向选择，打破了固定工制度。其三，工资制度改革，规定国有大中型企业实行职工工资总额同企业经济效益挂钩的办法，国家不再统一安排企业职工的工资，初步打破了以平均分配和僵化不变为特点的传统工资制度。其四，劳动保障制度改革。《国务院关于企业职工养老保险制度改革的决定》，要求在全国实行养老等保险费用"社会统筹"的制度。这一改革既减轻了国有企业与社会的负担，又解除了体制内失业和退休人员的后顾之忧，从而为加快体制内劳动力市场的发育创造必要条件。

基本形成阶段（1993—2003）。1993年11月中共十四届三中全会通过的《中共中央关于建立社会主义市场经济体制若干问题的决定》，第一次明确提出了"劳动力市场"的概念，并指出劳动力市场是当前我国培育市场体系的重点之一，标志着我国劳动力市场的基本形成。在这一阶段，劳动力市场中介组织也得到迅速发展。2002 年，劳动和社会保障部颁发了《关于进一步加强劳动力市场建设完善就业服务体系的意见》，要求适应扩大就业的需要，全面推进劳动力市场建设。其二，劳动力市场法规的颁布。1994 年《中华人民共和国劳动法》的颁布成为我国劳动力市场发展的一个重要里程碑。之后，一系列劳动力市场法律法规的出台，标志着我国劳动力市场的培育进入了法制化和规范化阶段。是我国劳动力市场基本形成的重要依据。其三，社会保障制度的完善。1995 年，国务院发出《关于深化企业职工养老保险改革的通知》，提出到 20 世纪末，基本建立起适用城镇各类企业职工和个体劳动者，资金来源多渠道、保障方式多层次、社会统筹与个人账户相结合的养老保险体系。到 1998 年，社会保障制度建设继续深化，国务院又出台了《关于建立城镇职工基本医疗保险制度的规定》，在此基础上，劳动和社会保障部确定了"低水平、广覆盖、多层次、双方负担、社会统筹与个人账户相结合"的社会保险体系建设基本思路。

全面完善阶段（2003 年至今）。在劳动力市场基本形成以后，我国劳动力市场逐步进入了完善阶段，围绕完善劳动力市场主要在完善积极的就业政策、完善劳动力市场秩序、完善社会保障制度以及完善劳动力市场法规体系等方面。

二、我国城乡劳动力市场的分割及其原因

城乡劳动力市场分割是我国劳动力市场分割的重要组成部分，劳动力市场分割主要表现在劳动力市场之间没有直接的、即时的相互作用，其中一者的变化和干扰对另一者没有直接影响。我国劳动力市场的分割比较复杂，既有一般市场特点的搜寻成本、工作转换成本的限制，又有二元经济、城乡差距的一般特点，农村剩余劳动力、城市失业，阻碍农村劳动力得到正规就业岗位，还有新旧体制转轨中旧体制惯性的限制导致的分割。这集中体现在以下几个方面：我国城乡劳动力存在地域空间上的分隔，难以充分自由地流动；农村劳动力进入城市以后，与城市本地劳动力市场也存在分割，表现为农村劳动力难以进入以公有制企业为代表的一级劳动力市场；即使在同样的岗位工作，农村劳动力也不能享有与城市劳动力同样的福利条件或劳动报酬。也就是说，当前我国的城乡劳动力市场分割表

现为双二元形式，即城乡之间的分割和城市内部农民工与非农民工市场的分割。城乡之间的分割是第一个层次，主要体现为劳动力在乡村与城市之间流动的自由度有限。城市内部农民工与非农民工市场的分割是第二个层次，主要体现为城市的农民工在就业分布和劳动报酬以及劳动权益上与城市劳动力的差别以及农村劳动力在城市的一级与二级劳动力市场流动的难易程度。

（一）体制性原因

二元的就业体制是不公平就业的根源。根据劳动力市场分割理论，目前我国城市中的劳动力市场处于二元分割的状态，分为一级劳动力市场与二级劳动力市场，又可称为主要劳动力市场和次要劳动力市场。一级劳动力市场收入高、劳动环境好、待遇好、福利优越；而二级劳动力市场工资低、工作条件差、就业不稳定、福利低劣。根据我国城市的劳动力就业情况来看，农民工绝大多数都是在二级劳动力市场就业的，而这主要是由我国二元的就业体制所决定的。改革开放前，我国实行计划经济体制，尤其是户籍制度等限制性规定，剥夺了农民作为公民最基本的流动和迁徙自由，城乡人口和经济被人为地分割为两个相互隔离的部分，形成了城乡分割的二元就业体制。城市劳动力由国家计划安排在城市就业，享受相应的社会保障福利，农村劳动力在农村自然就业，享受不到国家计划的社会保障福利。改革开放后，受市场经济影响，农村剩余劳动力开始向城市流动，但是由于户籍的差别，导致了城市居民和进城农民之间典型的二元劳动力市场。并且现行的城市就业政策和制度的设计很大程度是为了解决城镇就业问题，而很少考虑农村劳动力的转移就业。城镇能够真正向农民开放的只是小城镇就业市场和城市中那些"苦、脏、险"的就业工种，农村劳动力进入城镇就业强制性收取管理费、用工调节费等。城市人口的劳动力市场，一旦就业就享受相应的社会保障，进城农民的专属劳动力市场，即使在城市就业，也不能享受相应的社会保障。

劳动力市场运行机制不完善。当我国农民工大规模流动就业进入城市，城市中的劳动力市场却没有发挥其配置劳动力资源、调节和改善收入分配、促进社会经济发展的作用，劳动力市场运行机制不够完善，劳动力市场没有发挥其应有的作用。而有效的价格与竞争机制是劳动力市场良性运行的根本保证，但我国劳动力的市场歧视，城乡劳动力市场二元分割导致劳动力价格并不能真实反映劳动力资源的稀缺程度和市场供求关系，从而影响了劳动力资源的合理流动和有效配置。我国农村富余劳动力的数量巨大，除了已经外出就业的 1.2 亿外，农村仍有 1.5 亿的剩余劳动力，再加上每年新增的农村剩余劳动力 700 万，而城市所能吸纳的劳动力却远远低于这个数字，这就造成在劳动力市场上农民工的供给长期处于供过于求的境地。由于大量的农村劳动力不断涌入城市且只能进入城市中的二级劳动力市场，使得这个劳动力市场中的劳动力数量猛增，劳动者之间的竞争更加激烈，导致该市场中劳动力的价格不断下降。当劳动力价格长期低于劳动力价值时，劳动力就会退出该行业或者地区。2004 年广东省出现的"民工荒"现象就体现出了这一点。农民工进城就业一直限制在建筑业、服务业以及制造业等一些脏、累、苦的行业，由于劳动者数量较大，劳动力的价格已经被压得很低，并且在短期内不会得到提升，这就造成了地域性、行业性的农民工匮乏。另外，由于我国的劳动力市场信息共享机制尚未建立，同时自发外出劳动力在进入用工劳动力市场之前基本未享受信息导向服务，劳动力市场的信息服务对跨区域劳动力资源配置和流动就业的导向作用没有得到很好的发挥。

劳动力市场社会保障体系不健全。在现代社会中，社会保障作为保护劳动者基本生存权利的制度安排，对于劳动者抵御各种风险和生活困难是不可或缺的，有效、合理的社会保障制度是国民待遇的一个很重要的内容。在我国，社会保障体制非常不完善、不健全，同劳动力市场一样，也存在着二元分割的现象，主要表现在城市职工普遍享受失业、养老，医疗、工伤、生育五大保险和最低生活保障，农民工虽然实现了农转非的职业转变，但是，他们一直被社会保障制度拒之于门外。

法律对农民工权益保护规定不明确。虽然我国《劳动法》第 12 条规定："劳动者就业，不因民族、种族、性别、宗教信仰不同而受歧视。"但这种封闭式的列举式立法，使地方保护主义或用人单位针对农民工就业的户籍歧视、年龄歧视的政策、规定和行为不受法律制约，使他们可以以年龄、婚育、户籍等原因解除劳动用工合同。我国现行法律中也没有针对拖欠工资薪金行为的制裁性规定，没有保护农民工工资薪金索取权的欠薪保障制度。并且，在劳动合同立法方面，《劳动法》明确规定"建立劳动关系应当订立劳动合同","劳动合同应当以书面形式订立",但是,该法没有明确规定签订劳动合同是用人单位应尽的义务,也没有规定未订立劳动合同时对劳动者的救济手段。而对故意拖延或拒绝与劳动者签订劳动合同的用人单位,劳动法只规定"对劳动者造成损害的,应当承担赔偿责任",也没有涉及具体的赔偿标准。而实际上,因为口头合同的大量存在,很多合同法规对于不签合同的用人单位,并没有有效的制约手段。以上这些都表明现行法律对用人单位的要求明显过低。

(二)现实性原因

从社会的角度来看,城乡就业环境的巨大差距以及政府公共服务能力的有限等原因,使得城乡就业一体化缺乏良好的社会环境和舆论支持。

首先,就业环境差异。经济的持续发展离不开生产要素的合理流动,劳动力是生产要素的首要组成部分,但由于公共资源的非均衡分布,不仅造成中国总体人力资源素质的低下而且导致城乡劳动力的合理流动难以实现,并且最终致使农村劳动力大量涌向社会公共资源集中的城市,而对于人才短缺的农村地区也因为社会公共资源极度匮乏,成为人才的净流出地区。公共资源的非均衡分布让城乡居民在生活质量、从事职业、个人才能的发挥以及获取就业机会的可能性方面存在巨大差异。

其次,现行的就业服务网络城乡分布不均衡。乡镇以下的劳动保障工作平台比较薄弱,农村劳动者缺乏通畅的就业信息,只能采取自发的或依靠其社会关系网络实施非正规的城市就业转移,缺乏政府及社会公共力量的介入,一些非法用工单位也正是利用这种情况侵害劳动者权益。

再次,边缘化的身份认同。在工业化和城市化进程中,具有农村户籍的劳动者的经济、政治、文化地位被不断边缘化,并遭受制度利益排斥,受制于学历和农民的身份制约,农村劳动者难以在城市实现向上流动,使其在城市中处于边缘化的地位,遭受各种歧视性待遇,融入城市相当困难,从而对城市也产生了一定程度的心理排斥。

（三）人力资本质量层面的原因

农村劳动力整体素质偏低。我国农村劳动力资源数量充足，但是不论是与国外还是国内城镇劳动力相比较，我国劳动力的总体素质非常低。但是，随着城乡经济社会的一体化，农业现代化进程中释放出越来越多的剩余劳动力，无论是留守农民还是流动劳动力（农民工）素质的提高对城乡就业一体化都有极大的推动作用。农民由于缺乏必要的教育，对科技知识的接受能力是非常有限的。农民工技能的低下，使得他们即使进入城市获得工作机会也不可能取得较高的工资收入。

教育投资方向失衡。我国长期的城乡二元经济和分级办学、分级管理的城乡二元教育体制，造成了城乡之间教育的严重不平衡，政府对教育尤其是农村教育重视不够，农村基础教育的"公用经费"不足，政策导向明显偏向于城市。基础教育城乡之间的不均衡终将导致高等教育城乡之间的机会不公平，名牌大学里农村孩子的比重不高，部分大学的自主招生考试用意是好的，但是也带来了新的不公平。农村孩子以及家庭贫困的孩子鉴于考试费用，基本上不可能参加这类考试。所以名牌大学里面农村孩子的比重连年下降。这是城市对农村的又一次剥夺。另外，政府对不同教育阶段的投入也有差异。尽管我国九年义务教育的普及已经法律化，也有了充足而稳定的经费来源，但义务教育之后的经费投入尚未用法律形式进行确保。而职业技能培训是将人口资源变为经济资源的重要途径，可以将我国过剩的人口包袱转化为巨大财富，但是在我国教育体系中却处于边缘化的尴尬境地。另有调查统计认为，中国农村和城市劳动力在不同教育阶段的回报也是有差别的，外来劳动力和城市劳动力在初中以下阶段的教育回报没有显著差异，但是在高中或中专及以上阶段，教育回报有显著性差异。在大专及以上阶段，教育回报不具有显著差异。在教育资源有限的情况下，教育投资方向必须根据教育的回报进行调整，加大对农村高中及以上的中专教育的投资。

第二节 劳动就业与城乡融合互动关系

多年来，我国城乡经济发展取得了举世瞩目的成就，创造了城乡进步事业的世界经济奇迹。当前，中国城乡已步入融合发展阶段，伴随全社会劳动力成本不断攀升，劳动就业在城镇化建设与乡村振兴各个相关领域的作用日渐凸显，充分挖掘城乡劳动力潜力，推动城乡充分就业是未来必须解决的重大现实问题，按照城乡经济发展规律看，克服这个关键环节的主要法宝是推动城乡就业融合高质量发展。因此，必须全面推动城乡劳动就业体制机制的创新，促进城乡劳动就业市场一体化，才能尽可能地激活城乡就业融合发展的根本活力，有效保障城乡融合高质量发展的劳动力输出。城乡融合离不开劳动就业领域的基础性支撑、统筹城乡劳动就业可以有利推动城乡经济建设健康稳定发展。两者是互相依存、相辅相成的关系，必须以联系的观点来进行研究把握。

一、城乡融合与劳动就业影响关系

改革开放 40 多年来，中国城乡就业经历了从"统包统配"到"就业市场化"的转变过程，城乡就业政策和劳动就业服务日臻完善，城乡就业规模不断拓展，解决了数亿城乡人口的"民生饭碗"问题，为中华人民共和国城乡建设作出了震惊世界的巨大贡献，成为国家城乡融合发展民生幸福的重要保障。特别是党的十八大以来，中国城乡就业服务始终围绕百姓民生福祉这个中心，不断丰富拓展就业渠道，注重丰富多元化的就业统筹解决机制，强化就业服务普惠性，为推动城乡就业融合高质量发展，推动我国城乡就业工作取得历史性成就，发生历史性变革，奠定了强劲的发展支撑，走出了一条中国特色城乡就业融合发展道路。与此同时，城乡就业在我国经济社会建设中也逐步实现了良性循环，基本形成了就业优先战略框架下的现代就业服务与政策体系，这一体系已经成为保障国家城乡经济持续健康发展的重要支撑。人社部数据显示：2018 年，全国城乡就业规模为77586 万人，城镇就业人数达 43419 万人，农村就业人数达 34167 万人。城镇和农村就业人数比为 1.27：1，在我国城乡就业融合发展进程中呈现出"就业稳定、城乡同步"的发展格局，为保障城乡民生就业稳定发展奠定了坚实的社会保障。

（一）城乡融合对劳动就业格局的影响

随着我国城乡经济由高速增长阶段转向高质量发展阶段，城乡民生就业格局也进入了城乡同步发展、结构调整优化、收入差距弥合的新阶段，呈现出了新的发展特征：发展格局从忽视质量的粗放式发展方式向优结构、重效益的高质量发展方式转变，发展理念从单纯追求降低失业、短期就业向产业导向、稳定就业方向转变，就业服务模式从城乡差异向城乡融合转变，服务对象从以各类城乡居民为主向覆盖城乡经济社会建设各领域的全社会法人自然人转变。这些积极变化对国家城乡劳动就业的发展提出了新的更高要求。

1. 城乡融合发展提升劳动就业政策辐射范围

当前，我国城乡经济发展不平衡不充分问题仍然比较突出，国家针对性地出台了城乡融合发展体制机制改革框架，对城乡融合发展进行整体性布局，在这样的背景下，势必引发城乡人力资源逐步向人力资本的跃升，不断强化文化、劳动技能、知识信息等方面的要求，对城乡人口素质的要求将不断提高，这就相应要求提供与时代变化和融合趋势相匹配的城乡就业政策体系，以适应城乡融合引发的人口就业理念变化，迎合城乡就业人口获得新知识、积累新经验、培养新技能的愿望。此外，伴随城乡融合深入发展，城乡人口的就业利益诉求和劳动保护将出现新的特点，尤其是对除了基本物质保障外的权利和尊严的关注将更加突出。因此，必须顺应城乡融合深度发展的趋势，在政策辐射范围上覆盖新呈现的城乡就业催生需求，强化制度、法律层面的保护机制。

2. 城乡融合发展推动就业人口就业方式变化

随着城镇化进程和乡村振兴战略的推进，尤其是网络信息时代的来临，将催生大量用工需求，城乡居民无论在就业方式还是就业范围上，都将出现巨大变化，在城乡融合进程中小时工、临时工和季节性工人将会大量出现，城乡就业范围会获得全面拓展，也会出现与时代变化相适应的新型工作机会。如在互联网电商消费盛行的情况下，城乡物流配送、交通运输等就业岗位将出现显著增加；在国家产业结构转型进程中，新能源利用、环境保护以及新型职业农民等岗位需求也会不断提高。这就为城乡居民就业方式多元化提供了新契机，就业方式将更为灵活多样。此外，伴随着城乡融合发展，乡村公共设施和服务不断完善，势必引发进城务工人员返乡发展的愿望，可能会引发城镇到乡村就业人口的逆向流动，也会产生相应的农村就业模式和就业方式的深层次变化。

3.城乡融合发展促进就业服务质量提高

当前，我国经济社会正处于转型期，城乡融合发展引发的人口就业格局的变化，将会提高城乡居民对政府就业服务质量的要求，政府必须有效掌握城乡就业变化趋势和就业选择倾向，提供切实有效的就业保障政策，才能适应形势需要的趋势变化。尤其是劳动就业的法律法规制定、从上至下的就业管理机构和部门的配备，权益保护和就业培训机构的健全等服务问题将逐步凸显出来，以此倒逼中国就业机制和就业体系的完善。此外，在城乡深度融合背景下，城乡就业出现的新变化，要求我们必须进一步完善就业服务网络，缩小城乡就业市场信息差距，构建城乡统一的劳动就业市场，才能加快推动人力资源向人力资本转化，实现中国从劳动力大国向人力资源大国的顺利转变，为城乡经济持续发展注入动力。

（二）劳动就业对城乡融合的推动作用

当前，我国城乡经济发展已从高速增长转向高质量发展阶段，要进一步深化对就业问题的认识，正确把握就业本质，加快形成与高质量发展相适应、相配套的就业服务体系，切实有效保障更高质量和更充分的就业，才能为新时代中国城乡经济实现"高效""包容""可持续"的高质量发展目标提供根本保障。当前国际经济形势正发生复杂变化，国内经济下行压力增加，中国城乡经济发展动力和结构正面临深层次调整，相应的引发我国城乡就业市场结构、就业保障能力、就业服务水平与城乡融合高质量发展的要求仍然存在较大差距，城乡就业不平衡的风险和挑战仍然严峻，必须更加审慎地加以应对，才能最大限度地减少就业波动对城乡经济转型产生的较大影响和冲击，保障我国城乡经济安全和社会安定，根据国家统计局公布的城乡就业发展数据（图6-1-1），1999年以来，我国城乡就业总人口从1999年的71394万人增长到2018年的77586万人，虽然在城乡经济规模总体扩大了9倍的情况下总体就业人口规模仅增加了6192万人，但是城乡就业结构发生了历史性的深刻变化。近20年的就业增长率达到8.7%，维持了良好发展的态势，并呈现出明显的城乡就业比重"剪刀差"的阶段特征，城镇人口和乡村人口的比重实现了历史性逆转。与之相适应，相应年份中国城镇就业规模呈现出平稳扩展的趋势，城镇就业规模从 1999 年的 22412 万人提高到 2018 年的 43419 万人，城镇就业人口始终保持着稳健增长，有效规避了城镇经济波动对人口就业的影响，较好展现了中国城乡经济发展的韧性。而乡村就业规模则平缓下降，乡村就业规模从 1999 年的 48982 万人降低到 2018 年的 34167 万人，这主要是农村人口逐步向城镇转移，实现人口市民化而产生的结果。由此可以看出，中国城乡就业逐步从高速增长转向高质量发展阶段，这将对经济增长结构变革产生巨大促进作用，体现出就业发展对保障现代城乡经济融合的基础性稳定作用，为国家城乡经济融合发展提供了强劲有力的发展支撑，也为新时代中国城乡经济调速换挡追求高质量发展奠定了重要基础。因此，在新的时代背景下，进一步研究中国就业变迁与城乡经济高质量发展的影响机制和路径为其他国家累积有效就业发展经验，应对城乡就业一体化进程，保障城乡经济活力，保持就业稳定发展，夯实经济增长基础，促进就业与城乡经济互动发展的良性循环具有重要现实和实践意义。同时，也能为学界研究国家城乡就业治理体系和治理能力，深入认识就业与城乡经济的辩证关系，强化就业和城乡经济安全提供中国实践和中国方案。

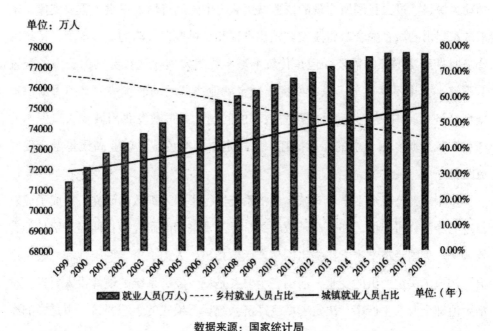

数据来源：国家统计局

图 6-1-1　近 20 年来中国城乡就业发展趋势转变图

二、城乡就业融合发展的分析框架

通过上述分析可以获知，在一个国家或地区的发展实践中，就业与城乡经济之间始终紧密联系、相互影响、互相作用。一般来说，城乡经济发展一定程度上会影响城乡就业融合发展水平，城乡就业融合在服务于城乡经济的同时产生相应的重要推动或影响作用。我国当前面临新的国内外经济形势变化，在推动城乡经济持续增长的"三驾马车"中，投资和出口的比重出现逐步降低的态势，城乡消费的增长已成为我国经济发展的重要支撑。2018 年，消费对城乡经济增长的贡献率达到 76.2%，成为城乡经济发展名副其实的第一驱动力，而城乡消费的稳定提升有赖于城乡就业发展水平的提升，尤其是城乡就业的高质量融合，通过就业保障促进城乡居民收入稳步提升，才能形成刺激国内消费需求的基础。因此，在未来中国经济发展进程中，城乡就业融合发展问题将会受到越来越多学者的持续关注，城乡就业发展除了能提供产业发展所必备的劳动力要素外，还必将推动城乡居民收入稳定增长，进而形成强劲的消费能力，为中国扩大内需提供强劲动力源泉。过去我国所实现的快速城镇化为中国经济增长提供了重要支撑，未来国家提出的城乡融合必将激发城镇化进程和乡村振兴战略的双向动力，持续维持新时期经济增长的需要。但是传统的城乡统筹发展模式在劳动力资源的配置上不够平衡也不够充分，没有发挥出城乡就业协调的动能优势。必须重新梳理城乡经济系统中城乡劳动就业配置效率的问题，真正激发我国城乡人口资本的红利，减少城乡融合中的无形损耗，坚持走中国特色城乡就业高质量融合发展道路。

多年来，已有众多学者对城乡经济系统进行了深入细致的研究，形成了成熟稳定的经济分析架构，如生产函数就是学界经常采用的研究中长期经济增长的有效方法。美国经济学家索洛提出的生产函数指出，人力、资本、土地和"索洛余值"构成了决定产出的变量，前面三个要素是城乡经济系统的硬件投入要素，索洛余值即全要素生产率，决定了城乡经济系统运行模式的组织要素，也是影响经济增长动力和效率的最关键要素。按照这样的逻辑分析思路，便可以构建起如图

6-1-2 所示的城乡经济运行分析框架，实现以投入产出为基本范式的城乡经济发展循环，经过人力、资本和土地要素输入系统，进行某种方式的组织运行后形成对应的产出，表现为相应的系统输出效益和效果。其中，城乡经济系统的效益以实现城乡融合的程度为代表变量，体现了经济运行促进城乡人口劳动力素质均衡提升的程度；城乡经济系统的效果则以物质产出总量即国内生产总值来衡量，反映了城乡经济发展的水平和规模。此外，再进一步探索分析城乡经济内部构成的三次产业的城乡就业状况以及城乡就业结构的变化如何影响城乡融合发展的效率，并深入解析其作用的机制和具体路径。由此，便建构起一个相对完整的分析框架，可以用于分析城乡就业对城乡融合效率的影响效应。多年以来，伴随中国城乡经济快速增长，城乡人口融合发展水平得到空前提升，城乡就业也实现了一定程度的均等化，但城乡就业融合的质量和水平还远未达到理想状态，城乡融合的发展模式相对比较粗放，城乡人力资源的引导和结构优化不足，保障城乡经济优质发展的支撑力还不够强劲。因此，有必要在如今城乡融合的背景下，进一步发展城乡劳动力市场的进一步优化，探索促进我国城乡融合发展效率提高的实现途径和影响机制，精准把握实现城乡高质量发展的前进方向，为城乡经济健康持续发展保驾护航。

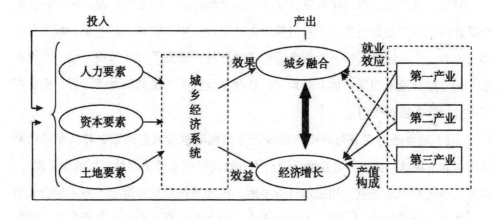

图 6-1-2　城乡经济投入产出系统与产业结构分析框架

第三节　劳动就业对城乡融合发展的启示对策

中国城乡融合高质量发展离不开劳动就业的支撑，厘清劳动就业因素的作用机制和影响效应十分重要。

第一，劳动就业对中国城乡融合发展具有明显的影响。在城乡就业发展实践中，主要通过第一产业、第二产业和第三产业的具体行业来带动城市与农村劳动就业需求，进而稳定城乡人口格局，体现出就业稳定器的作用，为城乡融合发展奠定了经济基础。其中第一产业就业对内陆省份城乡融合的影响比沿海省份要明显，第二产业就业对全国范围城乡融合发展的负面影响比较突出，第三产业就业对全国范围城乡融合发展则是显著的正向影响。沿海省市和内陆省区市表现出了一定程度的差异。

第二，当前中国经济发展进程中产业转型升级所形成的三次产业就业结构效应调整是就业结构影响城乡融合具体表现出现分化的原因。这一结论与当前我国城乡经济发展所处阶段即由高速增长阶段向高质量发展阶段转变的国情实践相吻合，产业层次攀升，省份之间区域发展差异明显，形成了不同的影响作用。总体来看，服务业对中国城乡融合发展的贡献相对其他两个产业而言，拉动作用和重要性更加明显。

第三，近年来，我国城乡融合发展程度呈现稳步上升态势，而且这种融合加快提升的原因主要是科技和创新引领，尤其是近几年新模式、新业态、新产业的层出不穷，全面加快了社会生产生活模式的更替，激发了城乡消费升级，有力助推了城乡融合发展程度，加上新模式、新业态吸收了大量的城乡劳动力，更发挥了有效的就业稳固作用。

（1）城乡融合发展过程中，应该充分重视质量和效益问题，并从全局的高度审视和把握这一问题。城乡融合固然能有效助推国家经济和社会发展水平提升，但也应该注意因地制宜，切忌不计成本地、机械地推动城乡融合。城乡融合发展是一个水到渠成的过程，要考虑到城乡人口的就业承载力和人口容量问题，伴随着城镇和乡村的逐步平衡发展，缩小城乡生产生活差距，才能一步步实现融合发展、一体化发展的目标。因此，有必要在城乡融合系统内，评估其实现程度的综合投入和高质量产出，以此来衡量国家城乡融合运行发展水平，最好利用已有的城镇和乡村资源，统筹城乡发展建设，避免漫无目的地大拆大建，造成城乡经济发展中的财力、物力浪费，推动形成城乡融合高质量发展的有益方式，实现城乡融合与经济系统互动发展的格局。

（2）在国家城乡融合投入产出的研究基础上，探究城乡融合高质量发展的模式十分重要。城乡融合发展是全球各个国家在经济社会发展进程中必然会面临的问题，其有效的发展方式因国情、国力差异呈现出很大不同，没有一个普遍适用的发展模式，也没有一个标准方法能够解决城乡融合问题。因此必须具体问题具体分析，在分析过程中进行抽丝剥茧，了解对城乡融合发展真正起到影响作用的因素并加以确认，由此才能逐步找到城乡融合发展的破解路径。从上述数据分析结果看，对中国城乡融合发展进程影响较大的因素主要是科学技术的基础作用以及创新引领的推动作用，必须抓住这些关键的影响因素，更好地加以利用，进行合理引导，强化城镇发展和乡村振兴中资源财力的有效配置和合理优化，从而有效促进我国城乡融合进程。尤其是在城镇建设和乡村振兴上，要突出科技创新对城乡融合作用的相关政策安排，突破体制机制的束缚，逐步挣脱传统的城乡融合发展模式，减少资金资源投入的负面消耗，变粗放式城乡统筹为高质量城乡融合，找到城乡高质量融合发展的内涵式发展道路，为经济社会平稳健康发展提供基础支撑。

（3）城乡融合高质量发展建立在劳动就业能够充分有效保障的基础上。劳动就业是城乡经济发展的根基，关系到社会稳定和城乡繁荣，劳动就业问题的解决在城乡融合发展模式转换上尤其重要。城乡三次产业的劳动就业结构会在较大程度上影响城乡融合发展效率，而且其内部就业结构的影响在内陆省区和沿海省区还存在较大差异：农业制约了沿海省区城乡融合，却促进了内陆省区的城乡融合；服务业制约了内陆省区的城乡融合，但促进了沿海省份的城乡融合；只有制造业在这个问题上是趋于一致的影响关系。这就充分说明了就业结构的安排和优化对城乡融合发展是具有较大现实意义的。必须充分结合当地的省情实际，从宏观政策上加以引导，对产业吸纳城乡劳动就业的状况进行有效把握，才能推出有针对性的解决方案，逐步协调产业结构的就业效应，为高质量城乡融合提供助力。

一、城乡劳动就业的启示

当前，中国特色社会主义已经进入了新时代，中国城乡经济社会发展也将迈入新的发展阶段，逐步由统筹发展转向融合发展阶段，高质量的发展导向对城乡劳动就业能力的要求更高，需要加强与城乡产业结构调整需求的对接配合，为城乡经济稳定繁荣提供根本的发展支撑。在中国城乡就业融合发展实践进程中，国家从宏观管理上综合施策，加强了对稳定城乡就业的布局支持力度，城乡就业能力和水平得到有效提高，为中国城乡融合高质量发展以及国民经济健康稳定奠定了坚实基础。此外，政府加大力度推进"大众创业，万众创新"也为城乡就业渠道拓展，就业方式多元化，城乡就业质量提升注入了强劲发展动力，形成了中国特色的城乡劳动就业发展模式，为丰富全球城乡就业保障理论提供了中国方案。综上所述，处理好就业结构与城乡融合发展的关系，对推进城乡治理体系和治理能力现代化意义重大，是未来我国实现城乡融合高质量发展的重大课题之一，我国必须紧密结合国情，探索符合中国城乡发展特点的就业治理方案。

（1）加强对城乡劳动就业全方位的支持与布局。政府要立足于城镇发展和乡村振兴进程，最大限度地满足城乡经济发展的就业需求，着力从政府、产业、企业、市场等多个维度协同推进，致力于构建符合中国城乡经济发展特征的劳动就业结构。以城乡充分就业为目标导向，紧紧围绕当地城乡经济发展水平和层次，稳步提升劳动就业规模和质量，从政策上增强和释放劳动就业服务城乡经济的活力。最大限度地释放劳动就业政策红利，全面强化三次产业就业政策的协同配合效应，加强综合性的城乡统一的就业服务平台建设，有效整合劳动就业扶持政策、用工用人信息、劳动保障服务、企业人力需求、劳动机构就业培训等资源，不断完善政府劳动就业政策的配套保障措施，形成劳动就业与城乡经济融合发展的合力。

（2）推动服务模式和业态创新，丰富劳动就业渠道。以提升劳动就业水平、降低城乡就业信息衔接成本为方向，适应网络化时代创业、创新、创造的发展动向，加快城乡新业态、新产业、新模式的推陈出新。发挥网络电商对城乡就业的辐射效应，促进传统就业渠道与新就业模式在服务领域和服务范围的有效衔接配合。积极推动劳动就业边界的延伸和就业范围拓展，主动引导城乡就业模式以区域资源的禀赋特点和经济发展特色为基础，推进劳动就业拓展升级，鼓励城乡就业主管部门积极运用新模式、新技术、新业态来培育城镇发展与农村建设的就业安置能力，进一步提升劳动就业水平，促进就业发展与乡村振兴、新型城镇化等战略布局紧密对接，为城乡劳动就业更好地服务城乡高质量融合发展创造更好的条件。

（3）完善城乡劳动就业治理体系，全面保持就业稳定。适应国家治理体系和治理能力现代化的挑战，提高对城乡劳动就业的保障，营造良好的城乡经济社会发展内外部环境。建立完善的城乡就业状况管理和劳动保障监测、劳动仲裁等制度体系，要加强对城乡劳动市场和跨区域劳动就业的监测力度，加大对城乡劳动就业市场特征与运行规律的研究，及时应对新形势下城乡劳动就业结构复杂变化的特点。同时，也要注重把握好就业拓展与城乡经济结构增长的关系，坚持适度倾斜、平衡兼顾，加强对就业市场规律的深度认识把握，合理判断就业发展匹配点与匹配源，处理好城乡结构调整和增加就业之间的辩证关系，最大限度地在保障就业稳定的前提下保持就业发展创新动力。

（4）全面发挥产业优势促进城乡就业深度融合。以供给侧结构性改革为契机，充分调动和挖掘我国城乡产业发展基础优势，推动城乡产业结构的优化升级，积极构建劳动就业服务城乡深度融合发展的长效政策机制。进一步加强与主要职能部门和各级地方政府的职能整合，推进城乡劳动就业能力的衔接与对接配合，加快推进城乡就业融合的政策与机制研究，优化顶层设计安排，全面强化劳动就业的市场化导向，拓展支撑城乡融合发展的就业渠道和企业动力，为城乡融合高质量发展提供切实有效的就业保障。注重城乡融合发展的相关就业服务模式和就业保障政策的创新，一方面重点支持乡村振兴战略下的农村的脱贫攻坚，解决中央反复强调的贫困人口的就业安置问题,为农村平稳发展进行政策兜底,另一方面要解决城乡融合的就业保障和基本劳动公共服务均等化问题,推动我国城乡就业服务的平等共享,助力城乡高质量融合发展。

二、城乡劳动就业融合高质量发展的对策

(一)加强就业服务城乡融合

就业融合发展是城乡经济发展的基础,同时是实现共同富裕的基本途径,也是推动就业稳定、保障国家经济长远发展的根本需要。要以实现城乡就业融合发展为出发点和落脚点,全面提升城乡就业服务效率和水平,把更多就业支持政策转移到城乡融合高质量发展的重点领域和薄弱环节,更好满足人民群众和城乡融合多元化的就业安置需求。一是要坚持"服务+"发展模式,积极完善城乡就业体系。建立健全城乡就业融合服务体系,创新就业服务和培训方式,加大城乡融合发展的就业支持力度。劳动保障机构要做好城乡就业融合发展规划,明确城乡就业融合发展的支持重点,倾斜资源配置,满足城乡就业融合高质量发展的政策需求。二是要充分拓展城乡就业规模。支持鼓励城乡中小企业发展,加大对"大众创业,万众创新"的帮扶指导,千方百计地创造社会就业机会,注重优化营商环境,激发市场活力,全面拓展城乡就业融合发展的能力和保障水平。三是要完善政策性就业保障体系。落实好对特殊人群政策性劳动的就业保障,协调有关部门支持残疾人等特殊人群的就业培训和针对性服务,进一步增强城乡就业融合发展的基础能力。

(二)健全完善就业融合工作机制

要建立融合城乡就业发展的体制机制。积极引导社会资源向推动城乡融合高质量发展目标集聚,推动建立从上至下地促进城乡就业融合发展的组织机构:首先,从顶层设计上把握城乡就业融合发展的政策导向,对发展目标和重点进行针对性布局,避免在政策上偏离城乡融合发展初衷;其次,在政策执行上要加强监督管理,推动城乡就业扶持和保障支持政策形成合力,聚焦于融合发展;最后,

在发展实践上，要注意积累城乡就业融合进程中的经验做法，创新发展思路，把握就业保障的方向，以大市场、大平台、大网络和大服务的视野来审视城乡就业融合发展，真正把劳动就业作为保障城乡居民民生福祉的事业来对待，聚集起城乡融合高质量发展的合力。

第七章 乡村振兴战略下金融支持与城乡融合发展

本章主要内容为乡村振兴战略下金融支持与城乡融合发展，主要从三个方面展开研究，分别是金融支持的相关概念解析、金融支持与城乡融合发展的实证分析、金融支持对城乡融合发展的启示与建议。

第一节 我国城乡融合下的金融支持

一、金融支持政策

金融支持政策主要指的是政府通过差别化贷款利率管理、银行信贷干预等措施，实施管制性金融剩余动员，以此为基础，为公有经济部门配置超过市场竞争平均水平的信贷资金，并且还会为其提供相应的金融租金补贴等一系列的制度。

金融支持政策的形成与发展，其基本驱动力是政府在公有经济部门的资金来源迅速萎缩，公共部门赤字出现不断扩大，在这样的情况和背景下，借创造和分配金融租金，通过非货币发行的当时对公共部门的财政赤字进行弥补，通过降低动员居民部门金融剩余的成本，来支撑公有经济部门的资本形成增长。金融支持政策推行的前提是一系列金融管制政策的推行。

首先，金融市场准入管制。市场化改革初期，面对公有经济部门赤字迅速扩大的现状，中国政府迅速明确了国有银行在社会信用活动中的经营特许权，在储蓄资金动员及信贷投放中居于主导和统治地位。我国目前已明确禁止私人银行的建立，同时也明确禁止私人银行与企业间资金拆借市场，同时，严格限制外资银行的进入。在改革初期，在银行主导型金融体系下，储蓄存款占居民金融资产的比重一直很高，居民部门的金融剩余绝大多数为国有银行吸纳和动员。

其次，政府始终保持着对金融组织体系的控制。一直到改革开放20多年后的20世纪末，政府对3家政策性银行及四大国有商业银行的组织体系、业务划分和人事安排，都保持着强有力的控制，国有银行一直是政府推行产业政策的主要依托。由于政府对非银行金融机构的发展，也实行了强有力的干预和控制，国有银行始终占据着市场主体地位。

最后，政府对存款利率始终保持了强有力的控制，利率标准大多数时期远远低于市场竞争均衡水平，降低了国有金融机构动员居民金融剩余的成本。在这些金融管制政策推行的基础上，中国政府通过高准备金制度的建立、信贷规模控制及政策性贷款投放等手段，控制了大部分信贷资金，国有银行的信贷活动一直到

20 世纪 90 年代末期，仍然按照政府意志进行。在市场化改革中，中国政府逐步放弃消费品和劳动力价格控制权以及生产资料的调配权后，控制并配置国有银行的信贷资金就成为贯彻产业政策最主要的依托，成为"国家推动发展观"付诸实践的基本手段。对外资金融机构的准入管制及资本流动控制，使得国有银行在社会信用中的主体地位一直延续，为金融支持政策的推行创造了良好的外部环境。金融支持政策的核心目标，是在低成本动员居民部门金融剩余的基础上，为政府重点支持的产业和企业提供低利率融资支持和隐性金融租金补贴。

为了对重点行业和产业的共有企业进行有利的融资支持，政府会采取以下措施政策：一是差别贷款利率政策，二是信贷倾斜政策，三是央行资金供给政策，四是资本市场准入政策等，顶托了公有经济部门的资本形成增速。

目前，中国的城乡经济发展的趋势从以往的高速增长转变为高质量发展阶段，由此应该加强对金融发展的认识，对金融的本质进行准确把握，加快建立与高质量发展相配套、相适应的金融体系，实现金融业的健康发展，只有这样才能为中国新时期的经济"包容""高效""可持续"的高质量发展目标提供有力保证。与此同时，随着金融全球化的发展，中国城乡经济发展中蕴含的金融危机与矛盾也日趋突出，与城乡融合高质量发展的要求相比，在金融创新能力、金融市场结构、金融服务水平上存在着较大的差距，面临着金融发展的风险，因此应该谨慎应对，才能最大限度地减少金融发展对城乡经济转型提升的巨大影响和冲击，保障我国城乡经济和金融安全。根据国家统计局公布的城乡经济发展数据（图 7-1-1），2000 年以来，我国生产总值从 2000 年的 100280 亿元增长到 2018 年的 900309 亿元，城乡经济规模总体扩大了 9 倍，近 20 年的平均经济增长率达到 12.2%，维持了良好发展的态势，并呈现出明显的前半段"高速增长"和后半段"高质量发展"的阶段特征。与之相适应，相应年份中国金融业发展规模呈现出平稳扩展的趋势，金融业增加值从 2000 年的 4836.2 亿元提高到 2018 年的近 700000 亿元，金融业始终保持着稳健增长，有效规避了期间发生的金融危机影响，较好展现了中国城乡经济发展的特性。近 20 年来，金融业对中国城乡经济增长的平均贡献率达到 7.4%，最高的年份为 2015 年，贡献率达到了 25%。由此看出，中国城乡经济虽然从高速增长转向高质量发展阶段，但是在这个发展的进程中，依旧可以看出在现代城乡经济的发展过程中，金融发展对于其所起到的"血液"和"稳定器"作用，金融发展为城乡经济的发展提供了强有力的支撑，也为新时代中国城乡经济调速换挡追求高质量发展奠定了重要基础。因此，在新的时代背景下，进一步研究中国金融发展与城乡经济高质量发展的影响机制和路径，为其他国家累积有效金融发展经验，应对金融全球化进程，提升金融业竞争力，保持金融稳定发展，夯实经济增长基础，促进金融与城乡经济互动发展的良性循环具有重要现实和实践意义。同时，对于学术界对于全球经济金融的治理研究以及对金融和城乡经济的辩证关系的认识有着重要的作用，为世界金融和城乡经济的发展模式提供中国的方案和实践成果。

一般来说，一个国家和区域的发展过程中，城乡经济与金融之间存在着密切的联系，有着相互作用和融合的联系。总体上讲，金融发展水平取决于城乡经济发展程度，在为城乡经济发展服务的同时，金融也会产生相应的影响和推动作用。在全球金融一体化的大环境下，金融的发展与城乡经济的增长之间的关系和相互影响已经成为国内外学者研究的热点。国外金融发展理论包括金融深化理论、金融结构理论、金融约束理论等。

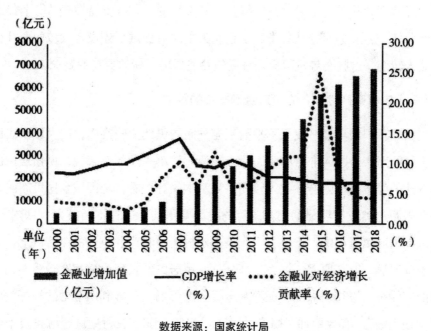

数据来源：国家统计局

图 7-1-1　中国金融发展与城乡经济增长状况关系示意图

二、城乡融合下中国金融业的发展趋向

中国金融业的发展经历了由小变大、由弱变强的过程，取得了举世瞩目的发展成就，为中华人民共和国的城乡建设作出了巨大的贡献，是国家城乡面貌焕然一新的重要支撑手段。尤其是党的十八大以来，中国金融业回归服务实体建设的本源，不断拓展发展空间，注重丰富金融业态和产品，增强金融服务普惠性，为推动形成城乡融合高质量发展的良性发展格局注入了强劲的金融活水。同时，金融业在支持城乡建设中自身也实现了良性循环，基本形成了门类较为齐全的现代金融服务体系，已经成为国家城乡经济发展的重要支柱产业之一。2018 年，全国金融业增加值为 69100 亿元，占国内生产总值的 7.7%，金融业在我国经济发展进程中呈现出了"高增速、高占比"的发展格局，为保障城乡建设稳步推进奠定了坚实的资金保障。

随着我国城乡经济由高速增长阶段转向高质量发展阶段，金融业也进入转变发展方式、优化经营结构、支持方式转换的新阶段，呈现出了新的发展特征：发展方式从重规模、重增速的粗放式发展方式向重质量、重效率的高质量发展方式转变，经营理念从单纯追求利润向绿色、共享转变，业务支持模式从分业经营向混业经营转变，服务对象从各类城乡企业为主向覆盖城乡建设各领域的全社会法人自然人转变。这些态势对国家金融业的发展提出了新的更高的要求。

（一）农村财产性收入方面对金融支持的需求

当前，我国城乡经济发展不平衡不充分问题仍然比较突出，广大城乡居民尤其是农民的财产性收入非常有限，收入来源比较单一。相对来说，城镇居民由于城镇发达的经济条件财产性收入较高。从基本趋势上看，全国城乡居民间的财产性收入差距仍然没有明显的缩小，有的地区差距甚至还在不断扩大。总体来看，全国范围内城镇居民的财产性收入大概是农村居民财产性收入的 4 倍以上，收入差距十分明显。究其原因，很大一部分是城镇居民的投资渠道相对较为多元，把积攒的闲钱投入银行、保险、证券基金等金融市场，巧妙利用金融的杠杆效应形成了"钱生钱"，有效增加了财产性收入。相比之下，农村地区金融投资渠道单

一旦此较有限，加上缺乏金融投资知识和服务，进而导致财产性收入较低。从未来看，伴随农村地区收入的提高和投资意识的觉醒，金融领域的服务需求将不断扩大，对金融支持的需求将会越来越旺盛。

（二）城乡基础设施建设对资金投入的巨大需求

随着城镇化进程和乡村振兴战略的推进，城乡基础设施的建设将催生大量的资金需求。当前，全国基础设施的投资金额近 20 万亿元，并展现出不断增长的发展态势。伴随城乡建设的深入推进，以及为了满足城乡居民对美好生活的需要，今后将对民生领域的投资进行结构倾斜，因此，对燃气生产、电力与供应业、邮政业与交通运输业、环境、公共设施管理业与水利、信息传输服务业等重点民生领域的资金投入会呈现持续放大态势，以增强城乡居民的幸福感和获得感。尤其是在脱贫攻坚的大背景下，很多农村的村庄道路还未全部实现硬化，网络尚未全部连通。因此，在相对落后的农村基础设施建设领域，今后还需要投入大量的建设资金。由此催生了巨量的金融资金需求，这些资金不仅需要政府财政上的拨款，更需要金融机构给予大力支持，才能从根本上解决资金缺口 w 问题。

（三）农村公共服务综合保障机制旺盛的金融需求

经过多年的经济发展，我国城乡公共服务事业有了长足进步。但是城乡区域不平衡问题比较突出，甚至有很多农村地区到现在还没有提供比较正规的农业保险服务，公共服务的延伸明显不足。就拿农业保险服务来举例，大多数有农业保险的农村地区来说，各项保险的赔付金也非常少，土地保费和赔付金都明显偏低；至于备受关注的农村养老保险的平均保费大概在 100 元，每人每月领取的养老给付金则平均不足百元；对于医疗保险的基本保障也尚未能够完全满足农村居民对医疗服务的需求。伴随乡村振兴战略的全面推进，农民对社会各项保险的金融需求将伴随着农村土地与家庭保障事业的发展相应地持续增加。此外，农村基本公共教育服务也是未来金融支持的重点领域，这是实现城乡教育均衡发展的战略需要。

三、金融支持对城乡融合发展的作用

（一）有助于促进城乡经济增长

在城乡融合发展的过程中，金融部门要充分发挥金融中介作用，实现城乡内部社会经济的快速稳定增长，在城乡融合的过程中，对具有发展优势的特色产业以及具有城乡发展优势的产业策群大力支持，不断提高企业的产品附加值，以此来带动区域经济的整体协调发展，为了促进城乡经济的可持续发展应该积极培育新的经济增长极。

（二）有利于优化城乡产业结构

金融支持有利于调整产业结构，主要体现在对储蓄和投资的相互转换关系的合理调节上。调整城乡产业结构主要指的是调整产业资本的增量行为，也就是说，增量资本和有量资本的变动。在产业结构中，存量资本只有通过对资本、技术等要素进行重新组合或者对要素的比例进行改变，才能实现对产业结构的优化和调整，在整个过程中需要很多的资金支持。在不同的历史阶段，金融机构可以通过金融政策来调整存款和投资的变化，从而使银行能够更好地利用资本市场和信用来促进产业结构的升级。如果支持的力度足够大，加上金融的发展水平足够高，就可以呈现出非常明显的产业结构升级。

（三）有利于加快城乡基础设施建设

为了促进城乡融合的发展，需要在进行建设的过程中不断扩建或者新建城乡道路；只有大力发展农业水利设施，才能保证合理的供水、排水；要健全设施的功能，完善天然气、供热管网等基础设施；对生活环境进行优化和绿化，使城乡脏、乱、差的现状得到改变；对公共文化体育服务体系要进行不断的完善；还应该大力发展文化体育事业，建设城乡精神文明，对于一些商业网点以及生活娱乐等基础设施进行完善和建设。以上这些都需要金融融资服务，需要资金的投入，要想实现城乡差距的缩小，必须要加大金融的支持力度，只有这样才能不断改善人们的生活水平和不断提高城乡的建设水平。

（四）有利于促进劳动就业与社会保障体制建设

当前，随着城镇化的不断发展以及乡村振兴战略的实施和推进，城乡融合也在不断发展，农村的劳动力呈现出向城镇进行流动和转移的现象，这就要求加强对于劳动者的职业技能培训，加强劳务基地建设，只有这样才能促进城乡的劳动力实现就业，对农民生活质量进行改善。鉴于此，应该积极搭建劳动就业的平台，完善劳动就业信息的网络，促进劳动力资源的合理配置。需要对劳动就业保障体制进行完善和构建，这就需要金融的支持和资金的投入。借助于金融支持，可以逐渐缩小城乡差距，对城乡居民的社会保障体系进行完善和全覆盖，同时对养老、医疗、失业工伤和生育保障等进行健全和完善，以此来不断提高城乡的社会保障水平。对于农村的救助体系要进行完善，同时引进商业保险，组建构建起城乡融合发展的立体化、多层次的社会保障体系，实现城乡融合发展。

（五）有利于促进城乡中小实体企业发展

城乡发展的重要支撑力量是中小实体企业。一直以来，中小实体企业的融资难问题一直限制着城乡企业的发展。对于城乡企业来说，对于资金不足的现状和因此造成的发展瓶颈，可以通过资本、信贷等金融融资渠道来得到解决和缓解，以此实现对产业机构的调整和升级，实现扩大规模，更好地发展。所以，在城乡中小企业的发展过程中，金融支持扮演着重要角色，这直接影响城乡经济发展的重要基础。借助于金融支持，实现对城乡中小企业的帮扶，加大科技创新的力度，这对于提高城乡居民收入，促进城乡经济社会的发展具有重要的作用。

第二节　金融支持与城乡融合发展的实证分析

通过运用现代经济学的分析方法，对城乡融合的发展与金融支持的关系进行全面的分析，特别是数量分析法，通过实证研究的方式可以对金融支持和城乡融合发展之间的关系进行更好的定量方面的研究，这对于人们研究二者之间的关系是非常有帮助的。

一、实证研究方法介绍

（一）实证分析模型选择

结构方程模型，简称 SEM（Structural Equation Modeling），是建立、估计和检验因果关系的一种统计分析技术，是一种运用与之对应的线性方程体系来表达因果关系的多元数据分析方法。在学术界，结构方程模型在研究经济发展领域和社会科学领域的相互关系上广受好评。

对于变量多重共线性问题，结构方程模型可以进行解决。对于模式的构建，一般采用偏最小二乘法（PLS）和协方差矩阵法（IISREL）来建立，对于不同样本量的限定条件，这两种方法有不同的要求。本书依托于数据的获得性，考虑到中国城乡经济社会发展指标统一口径的一致性要求，在对城乡经济领域统计口径进行了多次调整与划分类别的基础上，进行了综合选择，在权衡之后，将 2000年以来国家统计局公布的统一数据口径标准作为选取依据，结构防尘模型因素关系分析的基础为 2000 年—2018 年近 19 年的城乡经济发展与金融发展的面板数据框架。根据样本量的要求，主要使用偏最小二乘法（PLS）结构方程模型来进行研究。

（二）分析指标与变量

城乡经济与金融发展之间的关系非常复杂和紧密，要想对金融发展、对城乡发展的经济增长的机制进行研究和厘清，就需要对城乡经济于金融之间的结合点进行分析研究。根据针对这一点进行研究的多位学者的研究成果来看，金融与经济关系分析的最好入手点在于城乡差异。对于城乡发展来说，金融体系为其提供了最为直接的保证，经济的增长得益于城乡经济的增长，因此，金融和经济互动的关系最为重要的目标就是城乡的区域协调发展。

本书主要以金融发展理论为依托，在对海内外学者对于金融发展评价的研究成果的基础上，在世界银行全球金融发展数据库对金融体系的划分标准前提下，将金融对于经济增长的影响因素划分为 4 个维度 23 个指标，4 个维度指的是金融规模、金融结构、金融深度、金融环境，这 4 个维度是结构方程中的金融发展的潜在的、无法测量的变量，主要由 18 个可以进行观测的变量作为金融发展指标来进行综合体现。在城乡经济融合发展上，主要是通过城镇和农村进行划分，也就是说城镇发展水平和农村的发展水平进行划分，以此为基础，将两个潜在的变量——城乡发展确定下来，主要通过 9 个具体的城乡发展指标来体现。城乡经济发展质量指标是最终的潜变量，更是符合党中央关于"创新、协调、绿色、开放、共享"新发展理念的新发展要求，适应现代化的经济体系。对城乡的发展状况进行分析，并对其进行了指标的整理与对比，从中选出 8 个具有代表性的城市和农村经济发展的监测指标，以反映出中国新时期城市与农村的发展特点，从而可以建立一个结构方程模型，对中国城乡的发展质量有重要的影响。具体的变量构成如表 7-2-1 所示。

表 7-2-1　金融支持与城乡经济融合发展质量关系结构方程指标

指标维度	测量指标	指标解释	指标维度	测量指标	指标解释
城乡经济融合发展质量	经济增长率	（%）	金融规模	金融业增加值	单位为亿元
	人均国内生产总值	单位为元/人		金融业新增固定资产	单位为万元
	城镇登记失业率	（%）		金融业从业人数	单位为人
	森林覆盖率	（%）		股票市价总值	单位为亿元
	居民消费水平	单位为元		社会融资规模	单位为亿元
	高技术产业利润总额	体现结构优化，单位为亿元	金融结构	保险公司保费与金融增加值比重	（%）
	单位国内生产总值能耗	单位为吨标准煤/万元		期货总成交额与金融增加值比重	（%）
农村发展水平	财政收入占国内生产总值比重	（%）		股票总成交额与金融增加值比重	（%）

指标维度	测量指标	指标解释	指标维度	测量指标	指标解释
农村发展水平	农村居民消费水平	单位为元	金融结构	金融机构资金运用各项贷款与金融增加值比重	（%）
	乡村就业人员	单位为万人	金融深度	保险深度	（%）
	农村居民人均可支配收入	单位为元		人均存款	单位为万元／人
	农村居民家庭恩格尔系数	（%）		人均贷款	单位为万元／人
城市发展水平	城镇居民消费水平	单位为元		金融业从业人员占三产从业人员比重	（%）
	城镇就业人员	单位为万人	金融环境	平均存款利率	（%）
	城镇居民人均可支配收入	单位为元		外汇储备	单位为亿美元
	城镇居民恩格尔系数	（%）		黄金储备	单位为万盎司
	城镇化率	（%）		人民币对美元平均汇率	单位为换算单位
				国家外债负债率	（%）

1. 城乡经济发展质量

世界范围内对一个国家和地区的城乡经济发展质量的衡量指标体系非常多，尽管如此，学术界对于体现中国城乡经济发展质量的主要评判标准开始逐渐取向统一，基本上达成了共识，也就是说城乡经济发展应该统一在新的发展理念和发展要求下，即"创新、协调、绿色、开放、共享"的理念。基于此，本书从中国实际出发，结合我国城乡经济的实际情况，遵循国家城乡经济的运行规律，在全球可比性原则的基础上，为了对中国经济发展的整体效益以及经济发展的质量进行衡量，本书选取了一些可以对经济质量进行普遍反映的 8 个衡量指标：人均国内生产总值、经济增长率、森林覆盖率、高技术产业利润总额、居民消费水平、城镇登记头业率、单位国内生产总值能耗、财政收入占国内生产总值比重等。

2. 城镇发展水平

即城镇经济或城市经济，主要体现的是与农村相对应的城镇集聚区经济社会发展状况，反映了城镇人口生产、就业、生活水平等方面的内容。

在城镇经济社会的组织和运行过程中，金融的发展运行非常容易产生作用，城镇经济的发展因为金融体系得到了有效的支撑，金融体系是城镇化建设的重要推动力量。衡量中国城镇发展水平状况采用体现城镇生产生活运行的 5 个典型代表性指标：城镇居民消费水平、城镇就业人员、城镇居民人均可支配收入、城镇居民家庭恩格尔系数、城镇化率。

3. 农村发展水平

农村发展水平主要反映的是农村在社会经济发展进程中的综合表现情况，如在农村基础设施、农村生活水平等方面的现状与进步程度。

对于农村发展和运行过程中的生产与生活，金融体系的组织运行也会产生直接作用和重要作用。对于中国农村地区的发展状况，我们可以使用衡量农村居民生活水平和生活质量的典型指标进行测量，具体有农村居民消费水平、乡村就业人员、农村居民人均可支配收入、农村居民家庭恩格尔系数 4 个指标。

4. 金融规模

所谓的金融规模，主要指的是金融活动开展的业务范围规模和活动开展的广度。本书主要从 5 个指标来对金融规模进行综合测量，分别是金融业增加值、金融业从业人员总数、金融业新增固定资产总额、社会融资规模、股票市场总市值等。

5. 金融结构

金融结构主要指的是金融机构的形式、金融机构的性质、相对规模以及金融工具，主要是对金融业内部各个领域的业务份额情况进行体现。本书主要借助于4个指标对金融结构进行综合评价：一是保险公司保费与金融业增加值比重，二是金融机构资金运用方面，各项贷款与金融业增加值比重，三是股票成交额与金融业增加值比重，四是期货总成交额与金融业增加值比重。

6. 金融深度

金融深度主要是对在各个经济发展领域中，金融工具和金融业务所渗透的程度。本书主要从4个观测指标对金融深度进行综合测评，分别是人均贷款、人均存款、保险深度以及金融业从业人员所占三大产业的从业人员比重。

7. 金融环境

所谓的金融环境，指的是在一定的金融制度的影响下，某个区域中影响经济主体活动的各种要素式集合，包含内部的基础服务环境和外部的基础服务环境。本书主要借助于5个观测指标对金融环境进行综合衡量，分别是黄金储备、平均存款利率水平、外汇储备、人民币对美元汇率水平、国家外债负债率等。

二、实证研究结果分析

（一）模型数据来源及处理

为了保证结构方程模型的数据具有代表性和可信度，我们根据所使用的实证研究方法模型，选择了2000年—2018年中国金融支持与国家城乡经济发展的面板数据，并以此为基础建立了结构方程的模型，并利用该模型的假定，对中国城乡经济发展质量的影响进行了全面比较，并以知网中国经济社会大数据研究平台和国家统计局数据历年发布的相关统计数据为基础进行整理。为了使数据具备完整性，对于个别缺失的数据，主要采用插值法进行处理，实行个别针对性补充引入，这种方式是一种非常常见的对于数据缺失的处理方式，与实践发展规律相符合，同时也不会对计算结构产生较大的影响。

（二）分析结果

通过以上分析，我们可以了解到金融支持对中国城乡经济发展质量的间接作用。本书认为，当前中国金融发展的实际情况是：不管是金融规模、金融结构，还是金融深度、金融环境等因素，对于中国城乡经济的发展质量都会产生间接的、正向的、积极的影响，这4个维度只是存在作用程度上的差异。在这4个维度中，对于中国城乡经济发展质量的影响最大的是金融规模，其次是金融环境和金融结构。与此同时，对于中国城乡经济发展质量的影响效应中，金融深度还具有很大的影响力，这足以表明在当前的中国城乡经济发展的实践中，城乡经济的转型发展会受到经济全球化以及国内金融结构调整的影响，因此，应该高度重视金融内外部环境的风险，对于有可能产生的金融波动危机进行及时化解。

第三节　金融支持对城乡融合发展的启示与建议

一、实证研究的主要结论

根据2000年—2018年中国金融支持与中国城乡经济社会发展面板数据，依托于金融支持对中国城乡经济发展质量的主要影响关系表现假设的前提条件下，我们使用PLS结构方程模型，通过实证检验中国城乡经济发展质量的影响中金融支持的影响路径以及影响机制。

根据实证研究的结果，得出以下结论：首先，对于中国城乡发展水平，金融支持有着显著的直接影响。在金融发展的实践中，对于城市和农村发展的各个方面的金融需求主要是在4个领域进行直接满足的，即金融规模、金融深度、金融结构和金融环境，为城乡发展提供金融支持。从金融规模这个层面上来看，其对城市的发展影响要大于其对农村的发展影响；从金融结构、金融深度和金融环境这3个层面上来说则恰恰相反，对于农村发展水平的直接影响大于城市发展水平的直接影响，值得一提的是，以上4个金融维度不管对城市还是农村来说，都有显著的正向影响。其次，中国目前的城乡经济发展的质量和城镇与乡村发展水平有着明显的关联，城乡发展水平对于城乡经济发展质量产生了直接的影响。当前中国的城乡经济发展的国情是由高速增长向高质量增长转变，这一结论与国情是相吻合的，并且城市影响作用相对于农村来说要大，换句话说，对于中国城乡经济发展的贡献，城镇化是非常重要的动力来源也是关键环节。最后，对于中国城乡经济的发展质量来说，金融支持有着非常明显的间接影响作用。这种间接的影响作用主要是以城乡为中介路径产生的一种最终的、间接的影响。对于中国城乡经济发展质量来说，4个金融维度（金融规模、金融结构、金融深度和金融环境）都可以对其产生正向的、间接的影响，在这4个维度中，金融规模的影响和效应最大，之后是金融深度，最弱的是金融环境和金融结构的影响。

二、实证研究的主要启示

21世纪以来，中国城市和农村经济实现了快速、持续的发展，当前经济的发展趋势主要是从高速发展转为高质量发展，在这个过程中显示出了政府强大的治理能力和治理水平，特别是为国家经济的稳定提供了强大的动力源泉的国家金融发展管理。在中国的金融发展过程中，我国通过加强与国际金融的合作，使其在国际金融体系中的地位不断提升，使中国的金融发展能力不断增强，金融发展竞争力也不断加强，这促进了城乡一体化的发展，促进了中国城乡经济的转型发展。与此同时，不管是稳定提高的政府金融治理能力，还是我国的独有的金融发展模式，都对城乡经济发展的实践进行了有效支撑，有利于促进国家经济的持续向好发展，提升城乡融合的发展质量；有利于丰富世界金融发展理论，向世界展现中国金融的独有治理方案。

（1）从多个方面加强对金融发展的扶持和指导。要从政府、企业、市场、人才等多方面入手，以城市和农村的建设进展为依托，实现对城乡经济增长的金融需求的满足，努力打造适合我国国情的金融发展高地。要准确把握金融发展的方向，密切联系自身的经济发展，以此为基础，不断提高和优化金融发展的质量和规模，实现金融服务对城乡经济的活力进行有效释放和不断增强。对于金融政策的红利要尽可能地释放，同时在各个领域中也要发挥对金融政策的协同效应，强化金融服务平台的功能和建设，将企业融资需求、金融机构融资产品、企业融资需求等资源进行有效的整合，对于国家金融创新发展的配套保障措施要不断完善，以此来形成金融与城乡经济融合发展的合力。

（2）促进金融服务的模式和金融业态创新，促进金融的发展。主要以降低金融市场的成本、不断提高金融市场的效率为主要的目标，同时还要不断适应信息技术的不断发展和数字技术的应用。创新金融的业态、工具以及服务的模式，在服务范围、经营领域上，促进新金融与传统金融的深入融合，积极拓展金融的业务范围，不但促进金融边界的延伸。对于城乡金融的发展要以自身的资源为依托，立足于自身经济发展的优势，进行城乡金融的转型升级，积极鼓励金融机构运用新的技术、模式、产品来不断提升金融对于城市的服务能力，不断提高对农村的建设能力，同时也要提高金融业的竞争能力，实现金融业与新型城镇化和农业现代化的深入融合与发展，为金融为城乡经济的发展创造更好的条件和基础。

（3）注重发挥金融优势；支持城乡深度融合发展。充分调动和挖掘我国金融资源，推动金融业务和产品内容的创新强化，积极构建起金融服务城乡深度融合发展的长效作用机制。进一步加强与主要职能部门和各级地方政府的业务串联，推进金融服务沟通与协作配合，谋划好推进城乡融合的政策与机制，做好顶层设计，不断拓展丰富市场化融资模式，开拓支撑城乡融合发展的金融渠道和资金来源，为城乡融合高质量发展提供真正切实有效的金融保障，尤其是注重城乡融合发展的相关金融业务产品和金融服务模式的创新，一方面重点支持乡村振兴战略下农村的脱贫攻坚，解决中央反复强调的"两不愁三保障"政策的资金支撑问题，为农村平稳发展进行政策托底；另一方面解决城乡融合的基础设施一体化和公共服务均衡化问题，推动我国城乡公共事业的普惠共享，助力城乡高质量融合发展。

三、金融支持对城乡融合高质量发展的对策

（一）加强金融服务城乡融合

金融的支持和本质要求就是促进城乡融合发展，为其提供金融服务，为城乡融合发展服务也是当前金融促进国家经济发展的立足点。要以服务于城乡融合发展为起点和归宿，提高服务效能和水平，对于城乡融合的薄弱环节和关键领域，

要使更多的金融资源融合到其中，只有这样才能满足在城乡融合发展过程中的人民群众的金融需求。

一是要坚持"融合＋"发展模式，积极发展城乡金融。建立健全城乡融合金融组织体系，创新信贷产品和服务方式，如加大城乡融合发展信贷投放。金融机构要做好城乡融合信贷发展规划，明确城乡融合发展信贷支持重点，倾斜信贷资金配置，满足城乡融合高质量发展的融资需求。二是要扩大直接融资规模。以城乡发展相关产业股权投资引导基金为支点，大力发展各类股权投资机构，撬动社会资本投资，拓宽城乡融合发展和企业股权融资渠道。三是要完善政策性融资担保体系。落实好政策性融资担保管理方式，协调有关部门支持政策性融资担保机构申请国家专项建设基金，进一步增强城乡融合发展事业的担保能力。

（二）创新创优金融工作机制

要建立尽职免责的容错机制，对在推动城乡融合高质量发展金融创新过程中，没有违反法律法规及相关规范性文件，严格遵守相关决策程序，但因客观原因造成金融创新未达到预期目标效果或非重大负面影响和损失的有关单位和工作人员，不予追究相关责任，在各类考核、评先评优、表彰奖励、选拔任用时不做负面评价。要激励干部勇于作为、勇于担当，为完善金融服务、助力城乡融合高质量发展奉献创新精神。从各个方面凝聚起金融服务城乡高质量融合发展的合力，形成各级金融工作联动协调机制，完善金融工作绩效考核和评价体系，把城乡融合高质量发展纳入评价指标体系，助力金融服务水平得到快速有效提升，为城乡融合高质量发展奠定更加坚实的金融基础。

参考文献

[1] 杨玉敬.数字经济与乡村振兴耦合协调发展水平研究 [J].技术经济与管理研究，2022（7）：14–19.

[2] 蒋国河，刘莉.从脱贫攻坚到乡村振兴：乡村治理的经验传承与衔接转变 [J].福建师范大学学报（哲学社会科学版），2022（4）：60–71，171.

[3] 党红斌.脱贫攻坚和乡村振兴衔接中的农村金融需求——基于铜川市农户和农村企业的调查 [J].青海金融，2022（7）：48–52.

[4] 陆巍."三个价值"导向下大都市乡村振兴战略空间研判和综合规划咨询方法探讨 [J].上海城市管理，2022，31（4）：69–77.

[5] 周文庆，王林."双循环"背景下的乡村振兴发展——以黄南州为例 [J].青海金融，2022（7）：53–56.

[6] 张国旭.乡村振兴视角下现代化农业发展的思考 [J].新农业，2022（14）：85–87.

[7] 刘养卉，刘路国，牛诚诚.乡村振兴战略下农民思想政治教育困境及对策 [J].经济研究导刊，2022（21）：23–26.

[8] 顾一雪.乡村振兴视域下农村基本公共服务均等化研究 [J].经济研究导刊，2022（21）：33–35.

[9] 俞正达.畜牧业绿色发展助力乡村振兴 [J].中国畜牧业，2022（14）：26–27.

[10] 胡盘，詹文强.大数据时代背景下优化农村金融体系助力乡村振兴 [J].海峡科技与产业，2022，35（7）：41–44.

[11] 路莹.乡村振兴背景下村庄产业发展路径研究 [D].呼和浩特：内蒙古大学，2022.

[12] 赵婷.乡村振兴战略背景下农村低保制度运行的问题及对策研究 [D].重庆：中共重庆市委党校，2022.

[13] 胡多.乡村振兴背景下农村相对贫困治理研究 [D].南昌：江西科技师范大学，2022.

[14] 武水馨.乡村振兴中农民主体作用发挥问题研究 [D].泰安：山东农业大学，2022.

[15] 金梦华.乡村振兴背景下农村新社区公共服务供给对策研究 [D].大庆：东北石油大学，2022.

[16] 林虹霞.乡村振兴战略背景下脱贫地区防治返贫长效机制的构建研究 [D].重庆：重庆交通大学，2022.

[17] 龚彩霞.乡村振兴战略背景下贵州农村党员的先锋模范作用研究 [D].贵阳：贵州师范大学，2022.

[18] 曲奕诺.乡村振兴视域下乡村文化建设研究 [D].青岛：青岛大学，2022.

[19] 吴宝林.乡村振兴背景下农村宅基地"三权分置"制度研究 [D].南昌：江西财经大学，2022.

[20] 周勇西.习近平关于乡村振兴的重要论述研究 [D].重庆：中共重庆市委党校，2022.

[21] 田祥宇，冯娟娟.构建农村基础设施投资公平性的政策保障机制研究 [M].太原：山西经济出版社，2022.

[22] 徐之顺.城乡文化和谐共生 [M].南京：南京大学出版社，2021.

[23] 陈润羊，田万慧，张永凯.城乡融合发展视角下的乡村振兴 [M].太原：山西经济出版社，2021.

[24] 汪三贵.消除贫困 [M].中国人民大学出版社："认识中国·了解中国"书系，2021.

[25] 吉根宝，孔祥静，王丽娟等.基于乡村振兴战略的乡村文化保护与旅游利用 [M].南京：南京大学出版社，2021.

[26] 文余源.城乡一体化进程中的中国农村社区建设研究 [M].北京：中国人民大学出版社，2021.

[27] 潘安兴，广西壮族自治区国土资源规划院 . 乡村重建 [M]. 桂林：漓江出版社，2020.

[28] 孙久文 . 区域经济前沿 [M]. 北京：中国人民大学出版社，2020.

[29] 陈美球 . 乡村振兴与土地使用制度创新 [M]. 南京：南京大学出版社：农村土地制度改革研究，2019.

[30] 房绍坤 . 承包地"三权分置"的法律表达与实效考察 [M]. 北京：中国人民大学出版社 2018.